Iris Bauer

Schreiben über den Holocaust

Zur literarischen Kommunikation in Marian Pankowskis Erzählung *Nie ma Żydówki*

Literatur und Kultur im mittleren und östlichen Europa

herausgegeben von Reinhard Ibler

ISSN 2195-1497

1 *Elisa-Maria Hiemer*
Generationenkonflikt und Gedächtnistradierung
Die Aufarbeitung des Holocaust in der polnischen Erzählprosa des 21. Jahrhunderts
ISBN 978-3-8382-0394-2

2 *Adam Jarosz*
Przybyszewski und Japan
Bezüge und Annäherungen
Mit einem Vorwort von Hanna Ratuszna und Quellentexten in Erstübertragung
ISBN 978-3-8382-0436-9

3 *Adam Jarosz*
Das Todesmotiv im Drama von Stanisław Przybyszewski
ISBN 978-3-8382-0496-3

4 *Valentina Kaptayn*
Zwischen Tabu und Trauma
Kateřina Tučkovás Roman *Vyhnání Gerty Schnirch* im Kontext der tschechischen Literatur über die Vertreibung der Deutschen
ISBN 978-3-8382-0482-6

5 *Reinhard Ibler (Hg.)*
Der Holocaust in den mitteleuropäischen Literaturen und Kulturen seit 1989
The Holocaust in the Central European Literatures and Cultures since 1989
ISBN 978-3-8382-0512-0

6 *Iris Bauer*
Schreiben über den Holocaust
Zur literarischen Kommunikation in Marian Pankowskis Erzählung *Nie ma Żydówki*
ISBN 978-3-8382-0587-8

Iris Bauer

SCHREIBEN ÜBER DEN HOLOCAUST

Zur literarischen Kommunikation in Marian Pankowskis Erzählung *Nie ma Żydówki*

ibidem-Verlag
Stuttgart

Bibliografische Information der Deutschen Nationalbibliothek
Die Deutsche Nationalbibliothek verzeichnet diese Publikation in der Deutschen Nationalbibliografie; detaillierte bibliografische Daten sind im Internet über http://dnb.d-nb.de abrufbar.

Bibliographic information published by the Deutsche Nationalbibliothek
Die Deutsche Nationalbibliothek lists this publication in the Deutsche Nationalbibliografie; detailed bibliographic data are available in the Internet at http://dnb.d-nb.de.

∞

Gedruckt auf alterungsbeständigem, säurefreien Papier
Printed on acid-free paper

ISSN: 2195-1497

ISBN-13: 978-3-8382-0587-8

Printed in Germany

Inhaltsverzeichnis

Einleitung

„Miałem dość błaznowania, przebierania się moich znajomych Belgów w mundury kacetowe i szlochania w telewizji, pozowania na bohaterów“[1] [„Ich hatte genug von den Faxen und dem Sich-Verkleiden meiner belgischen Bekannten in KZ-Uniformen, vom Schluchzen im Fernsehen und von der Poserei als Helden“] antwortete der polnische Schriftsteller Marian Pankowski 2006 in einem Interview auf die Frage nach den Gründen für seine späte Literarisierung der eigenen Holocaust-Erfahrungen. Diese Motivation wirkt auf den ersten Blick vor allem provokant, äußert sich gewagt, und doch verbirgt sich in den Worten ein Streben nach authentischem Ausdruck. Marian Pankowski, der in Polen vor allem als „pisarzem-skandalistą, który jednych oburza, a innym imponuje“[2] [ein Skandal-Autor, der die einen empört und die anderen beeindruckt], wahrgenommen wird, wurde in Sanok, einer Kleinstadt im Südosten Polens geboren, überlebte mehrere deutsche Konzentrationslager und lebte nach dem II. Weltkrieg bis zu seinem Tod 2011 in Belgien. Als Schriftsteller, der sein Schreiben seit Kindheitstagen aber vor allem in Bruxelles (Brüssel) entwickelte, schuf er Texte, in denen er Randthemen jenseits des Kanons aufgreift, aufrüttelt und festgefahrene Vorstellungen und Gesten demaskiert. Sein Schreiben wird und wurde in Polen, vor allem als rebellisch, provokant, die Norm hinterfragend, gelesen und Pankowski selbst gilt als schwer einzuordnender Schriftsteller, der

> „never stops continually scandalising and provoking his readers – either by tainting his homeland, playing with explicit language in a manner that borders on pornography, or by breaking religious taboos.“[3]

Das Moment der Provokation spielte vor allem im postkommunistischen Polen eine größere Rolle, wo seine Werke im kulturellen Diskurs zwischen säkularen,

---

[1] Pankowski, Marian, in: „Żegnaj, Maniuś, żegnaj!“ [„Leb wohl, Maniuś, leb wohl!“], Interview geführt mit Katarzyna Bielas, in: *Gazeta Wyborcza* nr. 96, *Duży Format* nr.17, 2006, S.2

[2] Nasiłowska, Anna, im Nachwort von „Polak w dwuznacznych sytuacjach“ [„ein Pole in zweideutigen Situationen“], Interview mit Marian Pankowski, geführt von Krystyna Ruta-Rutkowska, Warszawa, 2000, S.146

[3] Pasterska, Jolanta, „Marian Pankowski and polishness. The literary provocations of an émigré“, in: *Russian Literature* Vol. 70(4), 2011, S.526

progressiven und katholischen, traditionellen Kreisen verhandelt wurden und er im Besonderen durch seinen Roman *Rudolf*, der von der Begegnung zwischen einem im belgischen Exil lebenden polnischen Professor und einem homosexuellen deutschen Soldaten erzählt, in Verbindung mit der Emanzipationsbewegung Homosexueller gebracht wurde.[4] Mit der Unkenntnis und dem Übergehen Pankowskis in der polnischen Öffentlichkeit setzt sich Krystyna Ruta-Rutkowska auseinander, die im Jahr 2000 ein umfangreiches Interview mit Pankowski mit dem Titel *Polak w dwuznacznych sytuatcjach* [*ein Pole in zweideutigen Situationen*] veröffentlichte und neben den Arbeiten Krystyna Latawiecs zu Pankowskis Dramaturgie und einer Monographie von Stanisław Barć[5], einen wesentlichen Anteil an der polnischen Forschung zu Pankowski trägt. Ab den 90er Jahren taucht Pankowski vermehrt in Zeitschriften, vor allem im monatlich erscheinenden Literaturmagazin *Twórczość*, und der Lokalpresse Sanoks auf. Doch eigentlich setzen die rege Auseinandersetzung der letzten Jahre, insbesondere in der jungen, linken Intellektuellen-Szene, und seine Auszeichnungen mit renommierten Literaturpreisen in Polen erst mit Veröffentlichungen und dem Engagement der Verlage *Ha!art* in Kraków (Krakau) und *Krytyka Polityczna* in Warszawa (Warschau) ein.[6]

Im englischsprachigen Raum ist die Veröffentlichung von Beiträgen zu einer in Brüssel organisierten und durchgeführten Konferenz namens *Pan(k)opticum* in der Zeitschrift *Russian Literature* die ausführlichste und komplexeste Auseinandersetzung mit dem Schriftsteller, welche auch mir als Forschungsgrundlage dient und durch Interviews und Rezensionen ergänzt wird.

Der Forschungslücke über Pankowski und der gänzlichen Unbekanntheit seiner Texte in Deutschland möchte ich mit diesem kleinen Beitrag entgegenwirken. Dabei möchte ich mich vom, den polnischen Diskurs prägenden, Begriff der Provokation lösen, die Provokation im Rahmen der literarischen Kommunikation vielmehr als zwingende Auseinandersetzung formulieren und in einem

[4] Vgl. de Bruyn, Dieter/van Heuckelom, Kris/Walczak, Dorota, „Here comes Pankowski. Adventures in ambiguity“, in: *Russian Literature*, Vol. 70(4), 2011, S.467-476 und Vgl. Pankowski, Marian in: „Polak w dwuznacznych sytuacjach“, S.45 und S.59-66

[5] Barć, Stanisław, „Marian Pankowski. Poeta – Prozaik – Dramaturg“, Lublin, 1991

[6] Vgl. de Bruyn, Dieter/van Heuckelom, Kris/Walczak, Dorota, „Here comes Pankowski. Adventures in ambiguity“, S.472

seiner späten Texte, der Erzählung *Nie ma Żydówki*[7] (auf Deutsch: *Da war eine Jüdin, die Jüdin ist weg*) aus dem Jahr 2007 untersuchen und in Zusammenhang mit dem Holocaust behandeln, wobei der mir einzig bekannte wissenschaftliche Beitrag zu Pankowskis spätem Werk, seiner ‚Holocaust-Literatur' und explizit des Textes *Nie ma Żydówki*, ein Essay von Michał Bandura, als Grundlage dient.

In *Nie ma Żydówki*, das in Polen positiv rezensiert, 2009 vom *Teatr Stajnia Pegaza* aus Sopot (in Regie von Ewa Ignaczak) auch als Theaterstück inszeniert wurde, spielt die Provokation wieder eine Rolle, jedoch möchte ich anhand dieses Textes, der seiner Frau Regina Pankowska, geborene Fern, gewidmet ist und nach ihrem Tod erschien, zeigen, wie Marian Pankowski die Provokation nur als ein Mittel nutzt, um mit einer Wahrnehmung jenseits des polnischen Kanons zu sensibilisieren und einen ganz eigenen Zugang zur Literatur über den Holocaust zu finden. Als eines seiner letzten Werke könnte die Erzählung *Nie ma Żydówki* als Quintessenz seiner ‚Holocaust-Literatur' gelesen werden, nicht als bloße Literatur, sondern auch als „jakieś świadczenie – komu, o kim, przeciw komu, za kim?"[8] [„als eine Art Leistung – an wen, über wen, gegen wen, für wen?"], wie Pankowski sich selbst fragt. In diesem Sinne spielt *Nie ma Żydówki* m.E. eine wesentliche Rolle für den polnischen Diskurs sowie für den Diskurs der ‚Holocaust-Literatur' allgemein.

Pankowski schafft mit seiner ganz eigenen Sprache, die, auch wenn er im Exil lebte und schrieb, die polnische Sprache durchaus bereicherte,[9] eine Kommunikation und Polyphonie im Diskurs über den Holocaust, die seinesgleichen sucht, enorm tief und breit in den Diskurs eingreift, ihn auf allen Ebenen durchstreift, durchwühlt, als Text direkt an Kommunikation, im Sinne der literarischen Kommunikation, sowie der allgemeinen Textkommunikation anknüpft und Gebrauch von ihr macht. Da die Erzählung wissenschaftlich noch nicht behandelt

---

[7] Pankowski, Marian, „Nie ma Żydówki", übersetzt von Jan Glas, in: „Prawdziwy koniec wojny jest przed jej początkiem – Das wahre Ende des Krieges liegt vor seinem Anfang", eine deutsch-polnische Anthologie, Hrsg. Stephan Stroux, Warszawa, 2010, S.179-243

[8] Pankowski, Marian, in: „Żegnaj, Maniuś, żegnaj!", S.2

[9] Im positiven Sinne gemeint, äußert sich zum Beispiel der Herausgeber von *ha!art*, Piotr Marecki, über Pankowski: „Był rewelatorem polskiego języka, uprawiał wieczną w polszczyźnie rozróbę." [„Er war ein Entdecker der polnischen Sprache und sorgte stets für Krawall"], *Gazeta Wyborcza*, Kultura, S.17, Ausgabe vom 4.04.2011

wurde, möchte ich sie in dieser Arbeit in den Korpus der ‚Holocaust-Literatur' sowie in deren Diskurs einordnen.

Wie über den Holocaust zu schreiben möglich ist, wurde und wird debattiert, wobei ich im Umfang dieser Arbeit leider nicht auf die Forschung und den Diskurs im Allgemeinen eingehen kann, sondern vielmehr aus der Fülle der Publikationen eine subjektive Auswahl treffe, wobei mich im Grundsatz die Arbeiten Theodor W. Adornos, Henryk Grynbergs und vor allem Dan Diners und James E. Youngs interessieren,[10] die mir dann spezifiziert in Arbeiten von Barbara Breysach, Daniela Bode-Jarsumbeck und Veronika Zangl[11] als Muster dienen. In der Analyse des Textes orientiere ich mich vor allem am strukturalistischen Bild der Erzählinstanz nach Prägung durch Gérard Genette[12], welche unter Ausdehnung in den Bereich der literarischen Kommunikation in der Postmoderne Ergänzungen und Erweiterungen erfuhr. Die literarische Kommunikation wurde vor allem in den 80er und 90er Jahren erneut zum Thema, griff zurück auf den russischen Formalismus und zeigt sich auch in der deutschsprachigen Forschung als rege diskutiert, wobei der Einfluss des französischen Strukturalismus und Dekonstruktivismus nicht unwesentlich ist. Diese Auseinandersetzung zeigt sich auch in der von mir aufgegriffenen Dissertation Kaspar Kasics[13] und anderen

---

[10] Adorno, Theodor W., „Minima Moralia. Reflexionen aus dem beschädigten Leben" in: ders., „Gesammelte Schriften", Bd. 4, hg. v. Rolf Tiedemann, Frankfurt (Main), 1996 sowie „Negative Dialektik. Jargon der Eigentlichkeit", hg. v. Rolf Tiedemann, Frankfurt (Main), 1996

Grynberg, Henryk, „Holocaust w literaturze polskiej", in: ders., „Prawda nieartystyczna", West-Berlin, 1984

Diner, Dan, „Gegenläufige Gedächtnisse", Göttingen, 2007

Young, Edward, James, „Beschreiben des Holocaust – Darstellung und Folgen der Interpretation", Frankfurt (Main), 1992

[11] Breysach, Barbara, „Schauplatz und Gedächtnisraum Polen – die Vernichtung der Juden in der deutschen und polnischen Literatur", Göttingen, 2005

Bode-Jarsumbeck, Daniela, „Die literarischen Reportagen Hanna Kralls - Gedächtnis an die ostjüdische Lebenswelt und die Shoah", Wiesbaden, 2009

Zangl, Veronika, „Poetik nach dem Holocaust – Erinnerungen. Tatsachen. Geschichten", München, 2009

[12] Genette, Gérard, „Stimme (1972/1983)", in: „Moderne Erzähltheorie: Grundlagentexte von Henry James bis zur Gegenwart", hg. v. Karl Wagner, Wien, 2002, S.213-270

[13] Kasics, Kaspar, „Literatur und Fiktion – zur Theorie und Geschichte der literarischen Kommunikation", Heidelberg, 1990

Arbeiten zur literarischen Kommunikation dieser Zeit wie z.B. den Publikationen von Jan und Aleida Assmann[14], um nur eines der bekannteren Beispiele zu nennen. Und nicht zuletzt spielt in der deutschsprachigen Forschung auch die Systemtheorie des Soziologen Niklas Luhmann[15] eine wesentliche Rolle, da sich auf ihr weitere für die Literaturwissenschaft ergiebige Arbeiten aufbauen, was in meiner Arbeit jedoch nur marginal bleiben soll, da ich meinen persönlichen Zugang zur literarischen Kommunikation über *Die Struktur literarischer Texte* von Jurij M. Lotman[16] gefunden habe, der mir sehr geeignet schien, um einen grundsätzlichen und doch literaturspezifischen, semiotischen Einstieg zu finden.

Eine neuere Publikation zur Erzählinstanz ist die Bibliographie *Stimme(n) im Text – Narratologische Positionsbestimmungen* der Herausgeber_innen Andreas Blödorn, Daniela Langer und Michael Scheffel[17], die einen guten Überblick über die literarische Kommunikation, wie sie heute behandelt wird, schafft. Einer Erzähltheorie in diesem postmodernen Sinne, möchte ich mich folglich bedienen, um die Kommunikation des Textes aufzuschlüsseln. Da die Narratologie zumeist selbst am Exempel arbeitet, nehme auch ich mich diesem Habitus an und werde sie mehr praktisch anwenden als einen theoretischen Überblick zu geben.

Es soll in dieser Arbeit die Darstellbarkeit des Holocaust aus der Perspektive der Literaturwissenschaft am expliziten Beispiel der Erzählung *Nie ma Żydówki* reflektiert und diese Reflexion wiederum in verschiedene literarische Diskurse eingeordnet werden,[18] wobei ich herausarbeiten möchte, warum gerade diese Erzählung besonderer Beachtung würdig scheint und im Diskurs unserer Gegenwart, in der sich der Generationenwechsel vollzieht, und welcher nur noch von wenigen Zeitzeuginnen und Zeitzeugen belebt wird, einen einmaligen Teil beiträgt.

---

[14] Ich beziehe mich in dieser Arbeit vor allem auf Aleida Assman mit „Die Legitimität der Fiktion: ein Beitrag zur Geschichte der literarischen Kommunikation“, München, 1980

[15] Luhmann, Niklas, „Die Gesellschaft der Gesellschaft“, Frankfurt, 1997 und „Einführung in die Systemtheorie“, hg. v. Dirk Baecker, Heidelberg, 2001

[16] Lotman, Jurij M., „Die Struktur literarischer Texte“, München, 1981

[17] „Stimme(n) im Text – Narratologische Positionsbestimmungen“, hg. v. Andreas Blödorn, Daniela Langer, Michael Scheffel, Berlin/New York, 2006

[18] Hier beziehe ich mich erneut auf Barbara Breysach und zusätzlich auf Levy, Daniel/Sznaider, Natan, „Erinnerung im globalen Zeitalter: Der Holocaust“, Frankfurt (Main), 2001

Das Novum in Pankowskis Erzählung liegt meines Erachtens in der besonderen Gestaltung einer literarischen Kommunikation, die ihn in ihrer zeitgenössischen Façon nicht umsonst zum „Jüngsten der ältesten polnischen Schriftsteller“[19] macht.

[19] „pozostał najmłodszym spośród najstarszych pisarzy“, Subbotko, Donata/Grzymisławski Łukasz, im Artikel „Zmarł Marian Pankowski“ vom 4.April.2011, in *Gazeta Wyborcza*, Kultura, S.17

A. Marian Pankowski und sein Platz im literarischen Diskurs der Holocaust-Literatur

A.1. Zum Autor

„Tu też byłem marginesowcem.“[20] [„Auch hier war ich ein Randgänger“] sagt Marian Pankowski im bereits erwähnten Interview 2006, das von Katarzyna Bielas geführt und im *Duży Format,* der Reportagen-Beilage der *Gazeta Wyborcza,* veröffentlicht wurde. Diese Selbsteinschätzung als ‚Randgänger‘, der sich an der Peripherie von Diskursen und Gruppen positioniert und von dort aus auf die Dinge schaut, soll hier nicht kategorisch für die Vorstellung seiner Person betrachtet werden, dient aber einer Herausarbeitung der für diese Arbeit relevant erscheinenden biographischen Fakten.[21]

Marian Pankowski wurde am 9. November 1919 in Sanok in eine polnische Arbeiterfamilie hineingeboren. Seine Schulbildung konnte nur dank eines Unterstützers finanziert werden, wodurch er dann in Krakau ein Studium der polnischen Philologie beginnen konnte, welches vom II. Weltkrieg unterbrochen wurde. Durch die Erfahrungen als Kind einer mittellosen Familie, in der nie Geld für Bücher blieb, erklärt sich auch ein Stück weit Pankowskis spätere Haltung zur polnischen Volksrepublik, wo ihn der freie Zutritt zur Kultur begeisterte[22] und er sich mit politischen Fragen kaum auseinandersetzte, sondern sich nur der Literatur verpflichtet fühlte. Während des II. Weltkrieges kämpfte Pankowski in der polnischen Armee und wurde 1942 von der Gestapo als Kämpfer der polnischen Untergrundarmee *Związek Walki Zbrojnej* [*Verband für den bewaffneten Kampf*] verhaftet. Er überlebte Auschwitz, Groß-Rosen, Nordhausen und Bergen-Belsen, von wo er 1945 befreit wurde und nach Belgien emigrierte. Dort setzte er an der *Université Libre* in Brüssel sein Studium fort, absolvierte dieses in Slawischer Philologie, worauf seine Dissertation über Bolesław Leśmian

[20] Pankowski, Marian in: „Żegnaj, Maniuś, żegnaj!“, S.5

[21] Diese sind entnommen aus de Bruyn, Dieter/van Heuckelom, Kris/Walczak, Dorota, „Here comes Pankowski. Adventures in ambiguity“, S.467-476

[22] Marian Pankowski: „Nigdy nie kupiłem sobie książki, bo nie było mnie stać. Dlatego, kiedy nastała Polska Ludowa, ucieszyłem się.“ [Ich kaufte mir nie Bücher, weil ich es mir nicht leisten konnte. Deswegen freute ich mich, als dann die Volksrepublik kam.“] in: „Żegnaj, Maniuś, żegnaj!“, S.2

folgte. Nach dem Krieg eröffnete sich Pankowski in der Begegnung mit Überlebenden der im Warschauer Aufstand Kämpfenden eine neue Welt und seine spätere Frau, Regina Fern, eine Jüdin aus Lwiw (Lwów/Lemberg), die den Krieg versteckt in Warschau überlebt und im Warschauer Aufstand gekämpft hatte, war ein Teil davon. Er beschreibt seinen Kontakt mit diesen Überlebenden als eine neue Welt, der er mit Offenheit begegnete, und welche ihn bereicherte, und dennoch meint er: „[...] czułem, że wśród tych młodych ludzi dla mnie – po kacecie – miejsca nie było."[23] [„ich spürte, dass unter diesen jungen Leuten für mich – nach dem KZ – kein Platz war."]

Die Feststellung seiner Andersartigkeit und seiner unterschiedlichen Position als KZ-Überlebender wiederholt seine Selbsteinschätzung als ‚Randgänger', die schließlich auch auf seine Rolle in den Exilschriftstellerkreisen zutrifft. Eine anfänglich fruchtbare Zusammenarbeit mit der in Paris sitzenden polnischen Exil-Zeitschrift *Kultura* endete durch Pankowskis Besuche Polens, seiner oben kurz angedeuteten unpolitischen Wahrnehmung der Volksrepublik, seinen tabubrechenden Darstellungen von Sexualität und seiner antimartyrologischen Prosa.[24]

Bei einem ersten Besuch seiner Heimatstadt nach dem II. Weltkrieg, wo zuvor eine große jüdische sowie ukrainische Minderheit lebte, war Pankowski geschockt über das komplette Verschwinden der jüdischen Einwohner_innen, da er „się z tymi ludźmi, z ich dziećmi znał[em], przyjaźnił[em], tak samo jak z wieloma Ukraińcami."[25] [„diese Leute und ihre Kinder kannte, mit ihnen befreundet war, wie auch mit der Mehrheit der Ukrainer."]

Die Dramatik des zerstörten gemeinsamen Raumes von Polen und Juden schwingt in Pankowskis späteren Werken mit und vor allem in *Nie ma Żydówki* wird die Erfahrung des Verlusts der jüdischen Mitmenschen und die jüdische Thematik behandelt. In den frühen Nachkriegsjahren widmete sich Pankowski noch verstärkt der Poesie und der Übersetzung, wobei seine frühen Werke eine Affinität zu literarischen Traditionen aufweisen und noch wenig experimentell oder provokant sind. Erst Mitte der 50er Jahre geht Pankowski seine ersten Schritte in Richtung fiktionaler Literatur – mit *Matuga idzie. Przygody* (dieser

[23] Pankowski, Marian, „Żegnaj, Maniuś, żegnaj!", S.4

[24] Vgl. Ruta-Rutkowska, Krystyna, „Polak w dwuznacznych sytuacjach", S.5-8 oder Marian Pankwoski in: „Żegnaj, Maniuś, żegnaj!", S.2 + 4

[25] Pankowski, Marian, „Żegnaj, Maniuś, żegnaj!", S.4

Text ist nicht auf Deutsch erschienen, man könnte ihn wörtlich mit *Matuga geht. Abenteuer* übersetzen) trat ein neuer Pankowski auf, der lyrische Elemente vulgären und erotischen gegenüberstellte. *Matuga idzie. Przygody* ist ein recht selbstironisches Werk, mit der Widmung an Maniuś Pankowski[26] und einer starken Vermischung mit autobiographischen Elementen, was für seine späteren Werke zur Konstante werden sollte.

Nachdem Pankowskis künstlerischer Austausch und die Kooperation mit dem polnischen Exil in Paris zu Ende war, begann ab den 70er Jahren eine Zusammenarbeit mit dem in London sitzenden Verlagshaus *Oficyna Poetów i Malarzy* [*Verlagshaus der Dichter und Maler*]. Seine dort erschienenen Werke wurden dann verzögert auch in Polen herausgegeben, wo ihm der Durchbruch mit dem Roman *Rudolf* gelang, der 1980 zuerst in London und dann 1984 auch in Polen erschien.

A.2.1. Marian Pankowskis Position im Kontext der Holocaust-Literatur

Pankowski thematisierte erst im Jahr 2000 in *Z Auszwicu do Belsen* [*Von Auschwitz nach Belsen*], auf das sich die Zitate in der Einleitung beziehen, zum ersten Mal ganz konkret, woran er sich erinnerte, wovon er zuvor aber nicht zu schreiben gewagt hatte.[27] Damit vollzieht er laut dem polnischen Wissenschaftler Piotr Krupiński eine zweite Revolution der polnischen Lagerliteratur, indem er das Fehlen der Randerfahrungen im Literaturkanon anspricht. Krupiński meint, dass „[b]eyond this horizon there spreads the panorama of concealed issues which are not allowed nor accepted to be discussed, and which he, as an almost last witness is obliged to express“[28], dass Pankowski also auch die Thematisierung von Sexualität in den Arbeits- und Vernichtungslagern der Nazis

---

[26] Maniuś ist eine Diminutiv von Marian

[27] „wcześniej, widząc to, co się wydaje na tematy obozowy, nie śmiałem pisać o Auschwitz, bo zapamiętałem co innego – erotykę, okrucieństwo i miłosierdzie, ale żadnego patriotyzmu.“ „Bałem się takie rzeczy pisać.“ [„davor, als ich gesehen habe, was zum Thema der Lager herausgegeben wird, wollte ich nicht über Auschwitz schreiben, weil ich mich an andere Dinge erinnerte – an Erotik, Grausamkeit und Barmherzigkeit, aber an keinerlei Patriotismus.“] [„Ich hatte Angst solche Dinge zu schreiben“], Pankowski, Marian, in „Żegnaj, Maniuś, żegnaj!“, S.2

[28] Krupiński, Piotr, „About the revolutions of „Planet Auschwitz“. Marian Pankowski's lecture on antimartyrological literature“, *Russian Literature,* Vol. 70(4), 2011, S.562

verhandelt und in diesem Sinne Tadeusz Borowskis Werk, welches schon vorher das polnische Tabu der Reinheit der nationalen martyrologischen Opfer bricht, ergänzt.[29] Tadeusz Borowskis Texte sind heute Klassiker der polnischen Literatur, Pflichtlektüre in den Schulen und über den polnischen Kontext hinaus sehr bedeutend für die Lagerliteratur und deren Differenzierung und Enttabuisierung.

Pankowskis Auseinandersetzung mit dem Holocaust begann allerdings schon früher, wobei er kurz nach dem Krieg noch versuchte, der Holocaust-Erfahrung mit literarischen Konventionen und der Suche nach ihm vertrauten Formen, die sein Trauma tragen könnten, zu begegnen. In dem Gedicht *Auschwitz* von 1946, das Ausdruck dieses Bemühens ist, erkennt Krupiński die erste Revolution, die Pankowski dem polnischen Literaturkanon zufügte, nämlich die ungehemmte Hinterfragung der Rolle Gottes und der katholischen Kirche, folglich den Bruch mit dem polnischen Paradigma der Unantastbarkeit der Theologie und der Glorifizierung der christlichen Haltung.[30] Die Frage also, wie über den Holocaust zu schreiben sei, mit der sich Pankowski fast von Anbeginn seines künstlerischen Schaffens an beschäftigte und mit dieser *Z Auszwicu do Belsen* beginnen lässt, stellt sich auch in der Erzählung *Nie ma Żydówki*, deren Titel bereits eine Zuordnung zum Korpus der ‚Holocaust-Literatur' nahelegt.

A.2.2. Holocaust-Literatur

Der Begriff der sogenannten ‚Holocaust-Literatur' bezeichnet ein schwer einzugrenzendes Textkorpus, für welches weder eine einheitliche Phänomenologie konstatiert werden kann, noch ein allgemeingültiges Instrumentarium zur Lektüre vorliegt. Wie Irmela von der Lühe treffend feststellt, ist ‚Holocaust-Literatur'

> „offenkundig nicht nur ›Literatur über die Shoah‹ oder Literatur nach bzw. über Auschwitz. Der Begriff bezieht sich nicht nur auf die autobiographischen Texte von Überlebenden, auf Erinnerungsbücher, Lagerberichte oder lyrische Zeugnisse aus den Konzentrationslagern. Er umgreift nicht nur Textsorten, sondern rubriziert auch Techniken der Literarisierung, wenn nicht gar Ästhetisierung des Holocaust. Er zielt auf Schreib-

---

[29] Siehe Krupiński, Piotr: „[...] he wants to supplement Tadeusz Borowski's accusations with the elements which were not indicated by him.", in: „About the revolutions of „Planet Auschwitz"", S.565

[30] Vgl. Krupiński, Piotr, „About the revolutions of „Planet Auschwitz"", S. 256-262

> oder Verfremdungsstrategien ebenso wie auf literarische Formen der Fiktionalisierung oder Theatralisierung."[31]

Das Korpus enthält folglich zahlreiche, verschiedene Literaturgenres, Textsorten, Praktiken und Strategien, wobei allein die Zeugnisfunktion als mögliches gemeinsames Merkmal zu fungieren scheint, was in Kapitel B.2. noch genauer beschrieben werden soll. Hier wird unterschieden zwischen einem direkten literarischen Zeugnis und einem stellvertretenden Zeugnis: Unter ersterem versteht man das Zeugnisablegen der 1. Generation als Beweis gegen das Verbrechen, wobei die Rolle des Beobachters betont wird, der mit einer realistischen, detaillierten Darstellung um Glaubhaftigkeit bemüht ist. Das stellvertretende Zeugnis wird dagegen von einem intellektuellen Zeugen, einer intellektuellen Zeugin abgelegt, der/die selbst nicht Teil des Zeugnisses ist und im Allgemeinen intendiert, die Shoah in der eigenen Gegenwart zu thematisieren. Man spricht in diesem Fall von adaptierten Zeugnissen, die sich durch einen hybriden Erzählstil auszeichnen.[32]

Die Grenze zwischen direktem und stellvertretendem Zeugnis scheint unüberwindbar und ist ebenso wie der durchaus umstrittene Terminus der ‚Holocaust-Literatur' und seine Diskussion stark gebunden an die Reflexion ihres Gegenstands und an das ständige Ausbalancieren ihrer Grenzen.[33] So gilt die Identifikation des intellektuellen Zeugen mit den Opfern immer noch als moralisches Tabu, was zeigt, dass die ‚Holocaust-Literatur', auch wenn sie mittlerweile eine Enttabuisierung erfahren hat und geradezu den üblichen Gesetzen des Marktes gehorcht, heute (noch) speziellen Regeln unterliegt. Diese Regeln betreffen auch die längst aufgelöste Einheit von Text und Autor_in, die für die ‚Holocaust-Literatur' jedoch bis heute zur Diskussion steht und nicht im üblichen Sinne von Textautonomie gesprochen werden kann, was einstweilen eine einzigartige Situ-

---

[31] von der Lühe, Irmela, „Wie bekommt man ›Lager‹? Das Unbehagen an wissenschaftlicher Zurichtung von ›Holocaust-Literatur‹ – mit Blick auf Carl Friedmans Erzählung »Vater« in: Text+Kritik, „Literatur und Holocaust", Heft 144, München, 1999, S.68

[32] Vgl. Bode-Jarsumbeck, Daniela, „Die literarischen Reportagen Hanna Kralls - Gedächtnis an die ostjüdische Lebenswelt und die Shoah", S.1ff oder S.1-5

[33] „Die Geschichte der Literatur über den Holocaust ist untrennbar geknüpft an die Frage, ob erlaubt sei, was sie tut, und wenn ja, wo die moralisch-ethischen und ästhetischen Grenzen der Beschreibung und Deutung liegen.", so Jan Strümpel in „Im Sog der Erinnerungskultur. Holocaust und Literatur – ›Normalität‹ und ihre Grenzen", in: Text+Kritik, Heft 144, S.13

ation in der Literatur darstellt und zugleich eine Herausforderung ihrer Wissenschaft bleibt.[34]

Wie sich der Umgang mit der Literatur nach Auschwitz dennoch stets ändert, beweist der Blick auf die letzten Jahrzehnte, welcher unter anderem deutlich macht, wie prägend die Rahmen, innerhalb derer die Zeugenberichte nach dem II. Weltkrieg verstanden wurden, für die ‚Holocaust-Literatur' selbst und die Formation ihres Diskurses waren. Kurz nach dem Krieg waren es Jurisdiktion und Historiographie, die die Rahmen für die Zeugenberichte absteckten, da diese vor allem als mögliche Grundlage für Prozesse dienen sollten.[35] Erst in den 60er und 70er Jahren verschob sich das Interesse vom Ereignis auf die Erfahrung und erstmals wurden die Betroffenen mit ihren Traumata auch als solche konkret wahrgenommen. Diese Veränderung des Fokus ging mit der 2. Welle von Zeugenberichten in den 60er Jahren einher.[36]

Man kann festhalten, dass schon von Beginn des Diskurses an nicht von einem Konsens gesprochen und keine Einigkeit über einen Kanon festgestellt werden kann. So dominiert bis in die 90er Jahre hinein ein generelles Bildverbot im Namen der Opfer, Claude Lanzmann z.B. meint im Kommentar zu *Schindlers Liste* von Spielberg, dass die Darstellung des Holocaust die schlimmste Übertretung sei. Und selbst Eli Wiesel, der heute sicher in den Kanon der ‚Holocaust-Literatur' eingereiht wird, zweifelte die Existenz dieser Literatur an, in ihr einen Widerspruch sehend, da Auschwitz Literatur schlichtweg negiere.[37] Der Zweifel und die Reflexion zum eigenen Gegenstand dauert auch in der 2. und 3. Generation nach dem Holocaust an, die den Topos der Undarstellbarkeit zwar radikalisieren, die Rahmen ändern und den Kanon enttabuisieren, aber auch dann noch gebunden sind an die moralische Integrität, an die spezielle Verkettung von Text und Autor.[38] Auch der Begriff Holocaust selbst wird hinterfragt,

---

[34] Vgl. Strümpel, Jan, „Im Sog der Erinnerungskultur." , S.16f

[35] Vgl. Zangl, Veronika, „Poetik nach dem Holocaust – Erinnerungen. Tatsachen. Geschichten", S.74

[36] Vgl. Zangl, Veronika, „Poetik nach dem Holocaust – Erinnerungen. Tatsachen. Geschichten", S.75

[37] Vgl. Strümpel, Jan, „Im Sog der Erinnerungskultur.", S.13

[38] Vgl. Strümpel, Jan, „Im Sog der Erinnerungskultur.", S.14 und von der Lühe, Irmela, „Wie bekommt man ›Lager‹? Das Unbehagen an wissenschaftlicher Zurichtung von ›Holocaust-Literatur‹ – mit Blick auf Carl Friedmans Erzählung »Vater«", S.73

wie z.B. Dan Diners Worte zum Ausdruck bringen: „Das Wort vom Holocaust ist eine durch Gedächtnis und Reflexion erfolgte Zuschreibung."[39]

Und wie schon im Eingangszitat deutlich wird, gerät der Begriff der ‚Holocaust-Literatur' spätestens in der Postmoderne immer mehr in Kritik, so wird er als Instrument zur Schematisierung verstanden, der den Besonderheiten einzelner Texte nicht gerecht wird.[40] Und damit auch nicht als hilfreich betrachtet werden kann für das eigentliche Ziel dieser Literatur, in der neben der Zeugnisfunktion die Dialogizität wesentliches Charakteristikum ist. Die Dialogizität soll den Ausdruck von Erfahrung (das Zeugnis) mit der Möglichkeit zum Dialog verknüpfen und damit eine Verbindung zwischen den Zeugen und den Nicht-Betroffenen herstellen.[41] Beide Hauptmerkmale formen sich zum Paradigma der ‚Holocaust-Literatur' und verlangen, dass die Erinnerung an den Holocaust nie aufhören darf, dieser folglich kommuniziert werden muss, um nicht in Vergessenheit zu geraten.

---

[39] Diner, Dan, „Gegenläufige Gedächtnisse", S.7. Zur Geschichte des Begriffs trägt Christoph Münz in seinem Aufsatz „Wohin die Sprache nicht reicht..." einen anregenden Überblick bei, den ich kurz anschneiden möchte: Bis in die Mitte der 50er Jahre war der Begriff Holocaust nicht wie im heutigen Sinne gebräuchlich, sondern tauchte erstmals 1956 in den USA auf, sich auf eine Feuerkatastrophe in Boston beziehend. Diese Verwendung des Wortes entspricht noch der ursprünglichen Bedeutung „völlig verbrannt" (das aus dem Griechischen übers Latein in den europäischen Sprachbereich gelangt ist), und so wurde die Vernichtung der europäischen Juden vorerst als „jüdische Katastrophe", „jüngste Katastrophe", „permanentes Pogrom" und dann als „Vernichtung" oder „Auslöschung" beschrieben. Erst Ende der 50er setzte sich dann der Begriff „Holocaust" für die Vernichtung und Verfolgung der europäischen Juden durch, vorerst nur in der wissenschaftlichen Auseinandersetzung von jüdischen Autoren verwendet, gelangte er bis spätestens Ende der 60er Jahre auch in den gemeinen Sprachgebrauch in Europa. Warum gerade der Begriff, der bis zum II. Weltkrieg die biblische Assoziation eines religiösen Opfers zu Gottes Ehren evozierte, was für die heutige Verwendung fatale Schlüsse möglich macht, zur Bezeichnung der Vernichtung, Verfolgung und Vertreibung der europäischen Juden wurde, beruht auf einem komplizierten Prozess, auf den ich hier leider nur verweisen kann, welcher aber im genannten Beitrag „Wohin die Sprache nicht reicht..." von Christoph Münz nachzulesen ist.

[40] Vgl. von der Lühe, Irmela, „Wie bekommt man ›Lager‹? Das Unbehagen an wissenschaftlicher Zurichtung von ›Holocaust-Literatur‹ – mit Blick auf Carl Friedmans Erzählung »Vater«", S.77

[41] Vgl. von der Lühe, Irmela, „Wie bekommt man ›Lager‹? Das Unbehagen an wissenschaftlicher Zurichtung von ›Holocaust-Literatur‹ – mit Blick auf Carl Friedmans Erzählung »Vater«",, S.72

Von einem Diskurs[42] über den Holocaust zu sprechen, erlaubt die Tatsache, dass die Texte über den Holocaust in ihrer Gesamtheit eine politische Komponente tragen, mit anderen Worten:

> „Literatur »über den Holocaust« hat also meist eine relativ genau bestimmbare ethisch-moralische Disposition, die sie aus dem Corpus der Literatur im Ganzen hervorhebt. Und es ist diese Disposition, die es erlaubt, von einem *Diskurs* über den Holocaust zu sprechen, Textsorten wie den Roman oder die Erzählung, das Gedicht, das Drama, den Essay, mit solchen der wissenschaftlichen Darlegung, der dialektischen Präsentation, der politischen Rede, dem tagesaktuellen Leitartikel, aber auch mit privaten Zeugnissen wie Briefen und Tagebüchern in einem Begriff zu versammeln“[43]

A.3. Zum Text *Nie ma Żydówki*

Nie ma Żydówki erschien erstmalig 2007 in dem polnischen Literaturmagazin *Twórczość*, als Buch 2008 beim Verlag *Wydawnictwo Krytyki Politycznej* in Warschau und auf Deutsch übersetzt von Jan Glas 2010 in der deutsch-polnischen Anthologie *Prawdziwy koniec wojny jest przed jej początkiem – Das wahre Ende des Krieges liegt vor seinem Anfang*, welche für diese Arbeit verwendet wurde. Über die Erzählung schreibt der polnische Literaturkritiker, -wissenschaftler und Publizist Marek Zaleski:

> „Maleńka książeczka *Była Żydówka, nie ma Żydówki* jest dedykowana żonie, Reginie z Fernów Pankowskiej i historia powieściowej Fajgi Oberlander, zbiegłej z transportu jadącego do obozu zagłady, jest wariantem jej okupacyjnych losów.“[44]
>
> [„das kleine Büchlein *Była Żydówka, nie ma Żydówki* ist seiner Frau Regina Pankowska, geborene Fern, gewidmet und die Romangeschichte der Fajga Oberlender, die dem Abtransport ins Vernichtungslager entflieht, ist eine Variante ihres Schicksals während der Besatzung.“]

---

42 In meiner Verwendung des Begriffs Diskurs beziehe ich mich auf das Foucault'sche Verständnis, siehe dazu: Foucault, Michel, „Was ist ein Autor?“ in: „Texte zur Theorie der Autorschaft“, hg. v. Fotis Jannidis, Gerhard Lauer, Matias Martinez und Simone Winko, Stuttgart, 2000, sowie „Foucault und die Künste“, hg. v. Peter Geute, Frankfurt (Main), 2004

43 Braese, Stephan/Gehle, Holger, „Literaturwissenschaft und Literaturgeschichte nach dem Holocaust“ in: Text+Kritik, Heft 144, S.79

44 Zaleski,Marek,: http://www.instytutksiazki.pl/ksiazki-detal,literatura-polska,2761,byla-zydowka-nie-ma-zydowki.html, zuletzt eingesehen: 17.07.2013, 17:52

Zaleskis Aussage legt biographische Bezüge nahe, so wie die Erzählung auch als Holocaust-Zeugnis Pankowskis selbst gelesen werden kann. Als spätes literarisches Zeugnis und gleichzeitig als sekundäres, quasi stellvertretend für die Stimme seiner Frau, ist es zeitlich distanziert und weist einen für das stellvertretende Zeugnis typischen hybriden Erzählstil auf.[45]

Der Suche nach autobiographischen Bezügen möchte ich jedoch nur ein Stück weit folgen und deren Interpretation im Spielraum der Autofiktion nach Zipfl verorten[46], um mein Augenmerk in der Analyse ganz gezielt auf die Narration zu legen und die Spezifik der Erzählung in der Art und Weise ihrer Narrative zu ergründen.

Denn die Besonderheit der Erzählung liegt darin, dass die Geschichte der jungen osteuropäischen Jüdin, Fajga Oberlender, von zwei Erzähler_innen wiedergegeben wird, dem ‚Autor-Erzähler'[47] und von der Heldin selbst. Fajga berichtet ihre Erlebnisse im Mai 1950 auf einer Reise in eine Kleinstadt Amerikas namens Azojville[48], wo sie der dort ansässigen jüdischen Gemeinde von ihrem Schicksal erzählt, wie ihre Mutter sie, einen Streit fingierend, von der Rampe, die zu den Transporten in den Tod führt, stößt, damit das Unverständnis und Entsetzen der Umstehenden auf sich zieht, Fajga aber das Leben rettet. Wie Fajga sich dann in dem Schuppen einer ehemaligen Schulfreundin versteckt, deren Sohn mit seinen Freunden ihr einen bösen Streich spielen und sie, wie der Schnee schmilzt, fliehen muss und daraufhin in den Wald geht, um bei einem ihr bekannten Förster Schutz und Rast zu suchen.

Der ‚Autor-Erzähler' erzählt von ihrer Ankunft in Amerika und ihren Begegnungen mit der Gemeinde, wobei die Figuren dieser Gemeinde aktiv an dem Di-

---

45 Vgl. Bode-Jarsumbeck, Daniela, „Die literarischen Reportagen Hanna Kralls", S.9

46 Vgl. Zipfl, Frank, „Autofiktion. Zwischen den Grenzen von Faktualität, Fiktionalität und Literarität?" in: „Grenzen der Literatur: zu Begriff und Phänomen des Literarischen", hg. v. Simone Winko, Berlin/New York, 2009, S. 285-313

47 Der ‚Autor-Erzähler' bezeichnet hier den Erzähler der Rahmenerzählung, der sich selbst im Text als Autor darstellt, wobei der Begriff weder eine Verbindung zum real-existierenden Autor Pankowski hat, noch suggerieren soll und in Kapitel C.1. noch deutlich wird.

48 m.E. handelt es sich hier um eine fiktive Stadt, jedoch möchte ich auf eine Äußerung Pankowskis im Interview mit Krystyna Ruta-Rutkowska „Polak w dwuznacznych sytuacjach" verweisen, wo er den Namen einer anderen fiktiven Stadt einer seiner Texte aus der Mischung einer real existierenden Stadt mit einem anderen Wort herleitet, siehe S.57

alog mit Fajga teilnehmen und ihr durchaus auch befremdliche, unpassend wirkende Fragen zu ihrem Überleben stellen. Der ‚Autor-Erzähler' tritt ganz eindeutig als Demiurg der Erzählung auf, der die einzelnen Elemente bewusst zusammenflicht und die Konstruktion seiner Erzählung und ihrer Geschichte konkret anspricht, indem er zum Beispiel den Namen Fajga für seine Heldin vor den Augen der Leser_innen aussucht, in einem anderen Abschnitt über antisemitische Stereotype spricht und am Ende, die Geschichte fast wie die Szenen eines Theaters zusammenfügend, mit einem Epilog abschließt, in dem er das schwierige Verhältnis zwischen Polen und Juden anspricht, in deren Beziehung Eifersucht um die Opferrolle mitschwingt.

Die Erzählung *Nie ma Żydówki* ist eines seiner letzten Werke, und kann mit Sicherheit auch als Element am Ende der Entwicklung der Literatur Pankowskis, seiner Auseinandersetzung mit dem Schreiben über den Holocaust verstanden werden, welches Bandura m.E. richtig einordnet, wenn er sagt:

> „I treat this as evidence of the fact that this subject shows a lot of resistance to the writer. However, at the same time it remains a testimony to the fact that the experience of the concentration camp demands to be repeatedly written."[49]

Banduras These soll im Folgenden bestätigt werden, indem ich zeigen möchte, dass Pankowski in dem Text *Nie ma Żydówki* einen Schritt über dieses Verständnis von ‚Holocaust-Literatur' hinausgeht, bzw. hier seinen Schwerpunkt sowie seine Stärke hat, und sein Schreiben ganz direkt in eine literarische Kommunikation einbringt. Die ständige Reflexion der Erfahrung und Erinnerung, die auch in seinen folgenden Worten zum Ausdruck kommt: „Może po to los tak mi się ułożył, żeby takie, a nie inne momenty zauważać, zapisać."[50] [Vielleicht hat sich mein Schicksal gerade so entschieden, damit ich genau diese, und keine anderen Momente wahrnehme und aufschreibe.], machen seine Sprache diskursiv, greifen dadurch direkt in den Diskurs zwischen den Kommunikationsteilnehmer_innen ein und sind offen für verschiedene Darstellungen, denn

---

[49] Bandura, Michał, „Adventures of language. Representation in Marian Pankowski's prose works.",in: *Russian Literature,* Vol. 70(4), S.614

[50] Pankowski, Marian, „Żegnaj, Maniuś, żegnaj!", S.2

Pankowski „[...] does not intend to make a copy of what he sees, but to speak about the various means of representation."[51]

Wie Pankowski diese Diskursivität gestaltet und funktionieren macht, welche Rolle er damit auch insbesondere für den polnischen Diskurs spielt, möchte ich in dieser Arbeit unter dem Schwerpunkt der literarischen Kommunikation herausarbeiten.

[51] Bandura, Michał, „Adventures of language. Representation in Marian Pankowski's prose works.", S.610

B. Zur literarischen Kommunikation in *Nie ma Żydówki*

„Das Leben jedes Wesens beruht auf einer komplizierten Wechselwirkung zwischen ihm und seiner Umwelt. [...] Die Wechselwirkung zur Umwelt läßt sich vorstellen als Empfang und Dechiffrierung bestimmter Informationen."[52] An diesem pragmatischen Blick auf Sprache als Mittel einer lebenswichtigen Kommunikation und der damit verbundenen Bedeutung der Literatur als ein ihr unverzichtbares Element, soll sich meine Betrachtung orientieren, wenn im Folgenden die Kommunikation durch Sprache und die explizit künstlerische, hier die literarische Kommunikation vorgestellt wird. Um die bisherige Verwendung des Begriffs der literarischen Kommunikation noch etwas zu präzisieren und von der allgemeinen Kommunikation durch Sprache abzugrenzen, möchte ich auf die Systemtheorie Niklas Luhmanns hinweisen, der den Begriff der literarischen Kommunikation als Kommunikation durch Literatur und nicht als Kommunikation über sie definiert.[53] Des Weiteren versteht Luhmann die literarische Kommunikation als ein operatives System, in dem Literatur rekursiv auf Literatur aufbaut und damit nicht aus isolierten Texten, sondern „aus miteinander verbundenen Textkommunikationen besteht"[54]. Das Spezifikum der literarischen Kommunikation liegt darin, dass ihre Rekursivität geradezu unermesslich ist und eine vielseitige, unbegrenzte Rezeption ermöglicht, wobei sich die Operativität des literarischen Systems jedoch nur auf den Moment des Gelesen-Werdens begrenzt. Nach dieser Auffassung existiert ein Text nur in seiner Aktualität, also nur im Moment der Benutzung, im Prozess der Kommunikation, womit ich die Brücke schlagen möchte, zu der stark vereinfachten Darstellung der Grundzüge des Kommunikationsprozesses.

---

[52] Lotman, Jurij M., „Die Struktur literarischer Texte", S.15

[53] Schreiber, Dominik, „Literarische Kommunikation. Zur rekursiven Operativität des Literatursystems." In: Textpraxis 1(2010), S.5

[54] Schreiber, Dominik, „Literarische Kommunikation. Zur rekursiven Operativität des Literatursystems.", S.3

B.1. Einführung in die literarische Kommunikation

B.1.1. Grundzüge der allgemeinen Textkommunikation

Wie die Begriffe ‚Rede' (parole) und ‚Sprache' (langue) von Ferdinand de Saussure zum Ausdruck bringen, weist das Kommunikationssystem Sprache zwei Aspekte auf: Beim Prozess des Verstehens wird eine „gegebene Mitteilung in der Rede (parole) im Bewusstsein des Empfängers mit ihrer Invariante in der Sprache (langue) identifiziert"[55]. Treten also im Kommunikationsakt ein/e Produzent_in und ein/e Rezipient_in[56] von Information in Kontakt, wobei das Hauptcharakteristikum dieser Information die Neuigkeit der Mitteilung ist, beruht ihre Verständigung auf dem Vorhandensein eines beiden gemeinsamen Vermittlungsmediums, einer Sprache, deren Zeichen einen konventionalisierten, regelgeleiteten Gebrauch voraussetzen, ein wie von Kasics bezeichnetes gemeinsames ‚Repertoire'. Dabei dient die Sprache als Kode, mit dessen Hilfe der Empfänger die Mitteilung entziffern kann. Um kommuniziert zu werden, muss ein Sprechakt/Text also erzeugt (Synthese) und dechiffriert (Analyse) werden.[57]

Bei Luhmann setzt sich die Trias der Kommunikation, spezialisiert auf die literarische Kommunikation, aus Information, Mitteilung und Verstehen zusammen, wobei diese Einheiten nicht isoliert betrachtet werden, sondern ausschließlich in ihrem Zusammenspiel Bedeutung generieren. Würde man das Dechiffrieren des Sprechaktes nun mit Luhmanns Systemtheorie für die literarische Kommunikation ergänzen, so könnte dieser Prozess nicht als reine Kopie des Mitgeteilten begriffen, sondern vielmehr als Anknüpfungspunkt, der weitere Kommunikation ermöglicht, verstanden werden.[58]

---

[55] Lotman, Jurij M., „Die Struktur literarischer Texte", S.28

[56] In den nun folgenden Kapiteln möchte ich aus sprachökonomischen Gründen auf die Doppelnennung femininer und maskuliner Formen verzichten, wenn diese, wie es in den Abschnitten zur Erzähltheorie der Fall ist, die Lesbarkeit und damit die Verständlichkeit erschweren. Ich bitte dies zu entschuldigen.

[57] Vgl. Lotman, Jurij M., „Die Struktur literarischer Texte", S.27ff und Vgl. Kasics, Kaspar, „Literatur und Fiktion – zur Theorie und Geschichte der literarischen Kommunikation", S.22ff

[58] Vgl. Schreiber, Dominik, „Literarische Kommunikation. Zur rekursiven Operativität des Literatursystems.", S.4f

B.1.2. Der narrative Rahmen

Schon an diesem Punkt möchte ich auf die Relevanz des für die Kommunikation notwendigen gemeinsamen ‚Repertoires' für die ‚Holocaust-Literatur' hinweisen. Dieses kann, differenziert man nach Luhamnn, für die literarische Kommunikation als die Menge der Anknüpfungspunkte verstanden werden, als das Zusammenspiel der Texte der ‚Holocaust-Literatur' in ihrer Rekursiviät. Oder im allgemeinen System der Sprache als das ‚Repertoire' einer Gesellschaft, als das gesellschaftlich Imaginäre,[59] das Sprache (damit auch Darstellung) gestaltet, und gleichzeitig durch Sprache gestaltet wird. In diesem Verständnis wird die Vergangenheit erst im Rahmen der Gegenwart bearbeitet und realisiert, wobei die narrativen Rahmen das ‚Repertoire' abstecken und maßgebend dafür sind, ob eine bestimmte Vergangenheit in der Gegenwart dargestellt wird oder nicht, ob Erinnerungen als individuelle Phantasien und Hirngespinste oder als Teil des gesellschaftlich Imaginären wahrgenommen werden.[60]

Der Holocaust, als Zivilisationsbruch[61] sowie Zäsur im Leben der Überlebenden, der nicht nur das Zerwürfnis mit Vorstellungssystemen, sondern auch die Veränderung der Bezugsrahmen verursachte, verunmöglichte ein gemeinsames ‚Repertoire' derjenigen, die den Holocaust überlebt hatten und derjenigen, die erst nachträglich mit seiner Realität konfrontiert wurden. Er hinterließ ein narra-

---

59 Der Begriff des ‚gesellschaftlichen Imaginären' von Cornelius Castoriadis meint das Vorstellbare, die kollektive Denkströmung, zu dem eine Wahrnehmung erst wird, wenn sie in den Bedeutungsrahmen der jeweiligen Gruppe eingefügt werden kann. Der Begriff soll hier nicht mit dem Begriff des kollektiven Gedächtnis gleichgesetzt werden, dennoch stimme ich Veronika Zangl zu, wenn sie sagt: „Obwohl Cornelius Castoriadis vermutlich sowohl die Vorstellung eines kollektiven als auch eines kulturellem Gedächtnissen zurückweisen würde, erlauben seine Arbeiten zum gesellschaftlich-geschichtlichen Imaginären die Konzepte weiterzudenken." siehe Zangl, Veronika, „Poetik nach dem Holocaust – Erinnerungen. Tatsachen. Geschichten", S.68

60 Vgl. Zangl, Veronika, „Poetik nach dem Holocaust – Erinnerungen. Tatsachen. Geschichten", S.68 oder Castoriadis, Cornelius, in: „Gesellschaft als imaginäre Institution: Entwurf einer politischen Philosophie", Frankfurt(Main), 1990, S.606: „Realität, Sprache, Werte, Bedürfnisse und Arbeit spezifizieren in einer Gesellschaft jeweils in ihrer eigentümlichen Seinsart die Organisation der Welt und der gesellschaftlichen Welt, und zwar entsprechend den von dieser Gesellschaft instituierten gesellschaftlichen imaginären Bedeutungen."

61 Dieser Begriff stammt von dem Historiker Dan Diner und versteht den Holocaust als „ein Zerbrechen ontologischer Sicherheit", als eine Erschütterung der elementaren Fundamente von Zivilisation und Kultur, siehe Diner, Dan, „Gegenläufige Gedächtnisse", S.13 und S.7ff

tives Vakuum, in dem die alten narrativen Rahmen nicht mehr gültig und neue noch nicht ausgestaltet waren.[62] Um den Terminus des ‚Repertoires‘ zu konkretisieren und zu ergänzen, erlaube ich mir einen Umweg über den Begriff des Gedächtnisses im Sinne von Aleida Asmanns Terminologie.

B.1.3. Das kulturelle Gedächtnis

Auch wenn für die Theorie der literarischen Kommunikation der Exkurs über Castoriadis sicher sehr fruchtbar wäre, möchte ich hier über den Begriff des Gedächtnisses den bisher nur vage beschriebenen Terminus des ‚Repertoires‘ ergänzen.

Die Beschäftigung mit dem kulturellen Gedächtnis ist im Zusammenhang mit der ‚Holocaust-Literatur‘ wissenschaftlich erprobt, wobei hier nur ein Bruchteil der Erkenntnisse dieser Beschäftigung wiedergegeben werden kann.[63] Sie scheint mir ihm Rahmen dieser Arbeit geeignet, die Spezifik der Erinnerung an den Holocaust zu beschreiben, denn „es gibt wohl nichts, was die Erinnerung so nachhaltig in Gang gesetzt hat wie die Katastrophe der Zerstörung und des Vergessens in der Mitte dieses Jahrhunderts“, so Aleida Assmann.[64]

Die Erinnerung ist eines der wichtigsten Schlagwörter in der Auseinandersetzung mit der größten Katastrophe dieses Jahrhunderts und der aktuelle Generationenwechsel, das Sterben der letzten Zeuginnen und Zeugen, macht das Transferieren der Inhalte der individuellen Gedächtnisse der Überlebenden, deren Erfahrungen, in ein kollektives Gedächtnis dringlich. Das individuelle Erfahrungsgedächtnis der Zeitzeug_innen muss in ein kulturelles Gedächtnis der Nachwelt übersetzt werden, so bestimmt es der öffentliche Diskurs. Bedeutend ist für das kulturelle Gedächtnis im Allgemeinen, dass der Transfer von Erinnerungen in den Speicher des kollektiven Gedächtnisses vom Diskurs angestoßen, ermög-

---

[62] Vgl. Zangl, Veronika, „Poetik nach dem Holocaust – Erinnerungen. Tatsachen. Geschichten“, S.194f

[63] Hier muss verwiesen werden auf die Arbeiten von Jan Assmann „Das kulturelle Gedächtnis. Schrift, Erinnerung und politische Hochkulturen“, München, 1997 und von Maurice Halbwachs „Das kollektive Gedächtnis“, Stuttgart, 1967, auf die ich hier nicht speziell eingehen werde, die aber Grundsatzarbeiten zum Thema darstellen und zumindest Erwähnung finden sollen.

[64] Assmann, Aleida, „Die Legitimität der Fiktion: ein Beitrag zur Geschichte der literarischen Kommunikation“, S.18

licht und bestimmt wird.[65] Um noch einmal an Castoriadis anzuknüpfen, kann hier darauf verwiesen werden, dass die Funktionsmechanismen, die hinter der Auswahl des öffentlichen Diskurses stehen, an Zeit und Ort gebunden und vom Vorstellungssystem der Gesellschaft, in der sie agieren, abhängig sind. Man könnte Erinnerungen in diesem Sinne auch als die von der Gesellschaft adaptierte Form von Ereignissen beschreiben:[66]

> „Mit der Institution der gemeinsamen Welt wird notwendigerweise jedesmal festgelegt, was ist und was nicht ist, was Wert hat und was keinen hat, was machbar ist und was nicht – und zwar sowohl außerhalb der Gesellschaft (im Verhältnis zur ›Natur‹) als auch ›in‹ ihr."[67]

> „Das kollektive Gedächtnis formt sich folglich nicht selbst, sondern wird von den Mitgliedern einer Gesellschaft ständig arrangiert und produziert. Das heißt auch, dass es nicht ohne Kommunikation fortbesteht, sondern interaktiv durch Sprache, Bilder und rituelle Wiederholungen immer neu ausgehandelt wird."[68]

Für die Kommunikation über mehrere Generationen hinweg ist deswegen relevant, dass ein bestimmter Fundus an gemeinsamem Wissen nie abbricht, weshalb das Interesse der Erinnerungspolitik darin liegt, die lebendige Geschichtserfahrung (die zwangsläufig vergänglich ist) durch die wissenschaftliche Geschichtsforschung abzulösen und eine Erinnerungskultur zu schaffen, die versucht die Gesellschaft, oder eben eine bestimmte Gemeinschaft, vor dem Vergessen gewisser Ereignisse zu bewahren. Das Ziel ist also ein Wissen über die rezente Vergangenheit hinaus in das Gruppenwissen zu integrieren. Da nur Wissen, das für eine Gruppe als identitätsstiftend verstanden wird, den Sprung vom kommunikativen Gedächtnis[69] in das kulturelle schafft, darf das *Wie* der Übertragung nie außer Acht gelassen und die Rolle der Bezugsrahmen nicht unter-

---

[65] Vgl. Bode-Jarsumbeck, Daniela, „die literarischen Reportagen Hanna Kralls - Gedächtnis an die ostjüdische Lebenswelt und die Shoah", S.19ff

[66] Vgl. Zangl, Veronika, „Poetik nach dem Holocaust – Erinnerungen. Tatsachen. Geschichten", S.68

[67] Cornelius Castoriadis, „Gesellschaft als imaginäre Institution: Entwurf einer politischen Philosophie", S.605

[68] Assmann, Aleida, „Die Legitimität der Fiktion: ein Beitrag zur Geschichte der literarischen Kommunikation", S.19

[69] Das kommunikative Gedächtnis bezeichnet jenes, das innerhalb von 3 Generationen (also innerhalb der rezenten Vergangenheit) mündlich tradiert werden kann.

schätzt werden[70], denn diese werden zwar selbst vom Diskurs einer Gesellschaft kreiert, doch haben sie dann auch die Kraft, auf diesen Diskurs zu wirken.

Als ‚Repertoire' verstehe ich also nicht die Rahmen, sondern die Mittel der Darstellung, die innerhalb der Rahmen vorkommen, was hervorzuheben ermöglicht, dass das ‚Repertoire' eine Auswahl ist und im Besonderen für die ‚Holocaust-Literatur' zum Brennpunkt wurde, was im nächsten Abschnitt deutlicher werden soll.

B.1.4. Die Grenzen der sprachlichen Repräsentation

Eng mit der Problematik des narrativen Rahmens ist die Arbitrarität des sprachlichen Zeichens verbunden. Denn wie u.a. Ludwig Wittgenstein in seiner Ausdifferenzierung von Saussures Zeichentheorie zeigte, erhält das Zeichen seine Bedeutung erst durch den Gebrauch, denn „die Bedeutung eines Wortes ist sein Gebrauch in der Sprache"[71]. Dass das sprachliche Zeichen folglich nicht an außersprachliche Gegenstände und Sachlagen gebunden ist, sondern an die sie in Sprachspielen benutzenden Subjekte,[72] ist für diese Arbeit sehr relevant, was bereits angedeutet wurde, hier aber nur in Bezug auf den Holocaust genauer beschrieben werden soll.

Die Kommunikation über den Holocaust ist geradezu gekennzeichnet von der Suche nach den entsprechenden Zeichen, den richtigen Worten, und doch ist sie vor allem von dem Paradoxon bestimmt, ein Ereignis mitteilen zu wollen, das

---

[70] Vgl. Bode-Jarsumbeck, Daniela, „Die literarischen Reportagen Hanna Kralls - Gedächtnis an die ostjüdische Lebenswelt und die Shoah", S.19ff

[71] Wittgenstein, zitiert nach Kasics, Kaspar, „Literatur und Fiktion – zur Theorie und Geschichte der literarischen Kommunikation", S.15

[72] Vgl. Kasics, Kaspar, „Literatur und Fiktion – zur Theorie und Geschichte der literarischen Kommunikation", S.15

nicht mittelbar scheint.[73] Der Ausschluss des Individuums aus Sprache durch seine Entsubjektivierung durch den Terror und die Vernichtung der Nationalsozialisten, der Sprachmissbrauch der Nazis und das daraus entstandene Dilemma für die Opfer, der Sprache der Gewalt keinen Raum geben zu wollen und sich doch nicht ohne sie auszudrücken zu vermögen[74] – all das waren und sind Hindernisse für die sprachliche Darstellung des Holocaust und sind Ausdruck der Grenzen sprachlicher Repräsentation (deren Überwindbarkeit in Kapitel B.2. *Die Akteure und Akteurinnen der Kommunikation in Nie ma Żydówki* noch angesprochen werden soll).

Zurück zur Textkommunikation kann mit Blick auf den Faktor Zeit festgestellt werden, dass ein weiteres Hindernis für die Kommunikation im Wesen geschriebener Sprache begründet liegt, in welcher durch die Verzögerung der schriftlichen Kommunikation zusätzlich eine zeitliche Spanne entsteht und damit auch ein breiterer Verständigungsspielraum, der durch eingeschränkte Möglichkeiten der Interaktion, zum Beispiel der Nachfrage, gegeben ist. So wurden die späteren Zeugnisse der ‚Holocaust-Literatur' kritischer in Bezug auf ihre Authentizität behandelt und automatisch der Fiktion zugerechnet. Zeitzeugnisse in zeitlicher Nähe zum Geschehen des Holocaust wurden dagegen unkritisch als objektivere Darstellungen betrachtet.[75]

---

[73] Vgl. Münz, Christoph, „Wohin die Sprache nicht reicht...", S.2. Die These der Unmittelbarkeit des Holocaust scheint stets präsent zu sein, wird über den Holocaust gesprochen. Im deutschen Kontext ist sie vor allem stark verbunden mit Adornos Warnung vor der Entwertung und Entskandalisierung des Grauens – und doch ist sie nicht unumstritten und wird kritisiert als Schema, das einer Zurichtung von Texten zu „Dokumenten einer Theorie der Unsagbarkeit oder eines Diskurses des Verstummens" zuarbeitet, was wiederum dem *aller* ‚Holocaust-Literatur' immanenten Willen zum Dialog nicht gerecht würde, so Irmela von der Lühe in „Wie bekommt man ›Lager‹? Das Unbehagen an wissenschaftlicher Zurichtung von ›Holocaust-Literatur‹ – mit Blick auf Carl Friedmans Erzählung »Vater«", S.69

[74] Vgl. Münz, Christoph, „Wohin die Sprache nicht reicht..." und Zangl, Veronika, „Poetik nach dem Holocaust – Erinnerungen. Tatsachen. Geschichten", S.111ff

[75] Vgl. Young, James E., „Beschreiben des Holocaust", S.49f

B.1.5. Fiktivität versus Faktizität in der literarischen Kommunikation

Doch wie James E. Young als Vertreter des *New Criticism*[76] feststellte, ist weder zeitliche Nähe noch ein bestimmter Sprachstil Garant für Authentizität, „denn sowohl die Ereignisse als auch ihre Darstellungen sind letztlich von den Formen, der Sprache und der kritischen Methode abhängig, mit denen sie erfasst werden.“[77] Da jede literarische Darstellung, auch die vermeintlich historisch-objektive, also schon konstruiert ist,[78] stellt sich die Frage, wo dann der Unterschied zwischen Dokumentation und Fiktion liegt und inwiefern sich die verschiedenen Arten des Wissens in den Darstellungsformen der literarischen Kommunikation unterscheiden. Das Gegensatzpaar Geschichte und Fiktion wurde im *New Criticism* abgeschwächt, wo der Unterschied nur im divergierenden Interesse der verschiedenen Diskurse an den Ereignissen festgemacht wurde. Der historische Diskurs ist demnach an Ereignissen interessiert, die im Prinzip beobachtet oder wahrgenommen werden können, das Interesse im literarischen Diskurs dagegen liegt bei solchen Ereignissen wie auch bei rein vorgestellten. Diese Betrachtungsweise ergibt m.E. einen Mehrwert für die ‚Holocaust-Literatur‘, da sie jeglichen Text als Fragment der Zeit, die ihn hervorgebracht hat, betrachtet und den Text damit zwar sehr wohl in Bezug zur empirischen Realität setzt, aber diesen Bezug nicht im konkreten sprachlichen Zeichen selbst, sondern in seinem Kontext, seiner Verkettung sucht.

Damit wird die besondere Möglichkeit der Literatur hervorgehoben, als komplexe Kommunikationsform eine große Auswahl an Anschlussmöglichkeiten für weitere Kommunikationen zu bieten. Womit ich der Erkenntnis Youngs zustimmen möchte, dass

> „jede adäquate Darstellung der Wahrheit der Anstrengung der Phantasie nicht minder als der des Verstandes [bedarf]; und das bedeutet, daß literarische Erzähltechniken zur

---

[76] Der *New Criticism* ist eine literaturkritische und -theoretische Bewegung vornehmlich aus den USA, die in ihrer Ablehnung von historisierender und biographisierender Literaturrezeption Einfluss auf den französischen Strukturalismus hatten (siehe Roland Barthes „Der Tod des Autors“) und für die Holocaust-Forschung unumgängliche Erkenntnisse lieferten.

[77] Young, James E., „Beschreiben des Holocaust“, S.13

[78] Vgl. Castoriadis, Cornelius, „Gesellschaft als imaginäre Institution: Entwurf einer politischen Philosophie“, S.596: „Als Referent wird das 'Objekt' stets von der entsprechenden gesellschaftlich imaginären Bedeutung mitkonstruiert: das einzelne Objekt ebenso wie die Objektivität überhaupt.“

> Komposition eines historischen Diskurses vielleicht ebenso notwendig sind wie historische Bildung."[79]

Wobei wir beim letzten Punkt zur literarischen Kommunikation, den ich hier erwähnen möchte, angekommen wären.

B.1.6. Literatur als modellbildendes System

Kunst, also auch Literatur, wird von Lotman als sekundäres modellbildendes System bezeichnet, welches die natürliche Sprache als Material benutzt und sekundär im Verhältnis zur natürlichen Sprache steht.[80] Womit gilt, dass

> „die aus dem Material der (natürlichen) Sprachen geschaffene, komplizierte künstlerische Struktur [es] gestattet, einen Informationsumfang zu übermitteln, der mit Hilfe der elementaren eigentlichen sprachlichen Struktur gar nicht übermittelt werden könnte."[81]

Dies wird in Bezug auf ‚Holocaust-Literatur', wie bereits besprochen, erst in den 80er Jahren durch die Arbeiten der Theoretiker_innen des *New Criticism* anerkannt. Da die Wirklichkeit eine Instanz im Rahmen kommunikativer Handlungsspiele ist und keine absolute dritte Instanz, die außerhalb von Sprache und Sprechenden liegt,[82] kann m.E. gerade die Literatur als Kommunikationsform, eine Tiefe und Reichweite der Darstellung finden, die dem empirischen Ereignis am nächsten kommt. Werden literarische Texte als in komplexe sozio-kulturelle Verhältnisse eingebettete Mittel kommunikativer Sprach- oder Handlungsspiele verstanden, dann kann die Fiktivität im Text als ein Aspekt der Kommunikation betrachtet werden.[83]

Eine an Lotman angelehnte strukturalistisch-semiotische Perspektive auf das Zeichen, das den Text selbst gleichzeitig als ein Zeichen in einem *Mehr* aus Texten sowie als Verkettung von Zeichen versteht und sich dabei bewusst mit den Grenzen der Repräsentation von Zeichen auseinandersetzt, scheint mir gerade für ‚Holocaust-Literatur', in der sich die Grenzen der sprachlichen Darstellung, wie schon kurz angedeutet, besonders komplizieren, ein hilfreicher Hinweis zur

---

[79] Young, James E., „Beschreiben des Holocaust", S.25
[80] Vgl. Lotman, Jurij M., „Die Struktur literarischer Texte", S.22
[81] Lotman, Jurij M., „Die Struktur literarischer Texte", S.24
[82] Vgl. Kasics, Kaspar, „Literatur und Fiktion", S.15
[83] Vgl.Kasics, Kaspar, „Literatur und Fiktion", S.17ff

Lektüre, da durch die Problematisierung des Zeichens im Besonderen seine Funktion in der Kommunikation hervortritt.

B.2. Die Akteure und Akteurinnen der Kommunikation in *Nie ma Żydówki*

Möchte man die Akteur_innen der Kommunikation in *Nie ma Żydówki* charakterisieren und sprachwissenschaftlich in Sender und Empfänger einteilen, was ich mit Ergänzung durch die narratologischen Erkenntnisse Gérard Genettes[84] bewerkstelligen möchte, kann man für den Sender im Text unterscheiden zwischen der narrativen Instanz der Rahmenerzählung, also dem extradiegetischen Erzähler und der narrativen Instanz Fajga als intradiegetischer Erzählerin,[85] die in Kommunikation mit der jüdischen Gemeinde in Amerika tritt, wobei die Gemeinde als Empfängerin der sprachlichen Mitteilung, als narrative Adessatin der Binnenerzählung funktioniert. Sucht man den Empfänger der sprachlichen Mitteilung des extradiegetischen Erzählers, stößt man auf einen narrativen Adressaten, der in diesem Fall der exemplarische Leser ist.[86] In einer solchen Verdoppelung der beteiligten Subjekte bzw. Instanzen liegt die Spezifik der literarischen Kommunikation, die eine textinterne mit einer textexternen Kommunikation verbindet und ein Spiel zwischen beiden Kommunikationsebenen erlaubt.[87] Dies wiederum stützt Lotmans Behauptung, dass für Kunst, in unserem Falle Literatur, gilt, dass ein literarischer Text sich wie eine Art lebender Organismus verhält, „der mit dem Leser durch eine Rückkoppelung verbunden ist"[88] und folglich an verschiedene Leser_innen verschiedene Informationen abzugeben

---

[84] Der französische Strukturalist Genette trug vor allem mit seinem Text *Discours du récit* (1972/83) und seiner Kategorie der Stimme wesentlich zur modernen Erzähltheorie bei.

[85] Ist der extradiegetische Erzähler, der Erzähler 1.Ebene (der Rahmenerzählung), so ist der intradiegetische, der Erzähler 2.Ebene (der Binnenerzählung). Vgl. Scheffel, Matthias/ Martínez, Matías, „Einführung in die Erzähltheorie", München, 2009, S.75/76

[86] Verstanden als Pendant zum exemplarischen Autor, also der expliziten Textstrategie, ist mit dem exemplarischen Leser ein möglicher Leser gemeint, in dessen Rolle dann im Moment der Lektüre der konkrete empirische Leser schlüpft. Siehe hierzu: Eco, Umberto, „Zwischen Autor und Text", in: „Texte zur Theorie der Autorschaft", Stuttgart, 2012, S.279-297

[87] Vgl. Kasics, Kaspar, „Literatur und Fiktion", S.15

[88] Lotman, Jurij M., „Die Struktur literarischer Texte", S.43

vermag, wobei in dieser Arbeit der Rezipient als polnischer Diskursteilnehmer behandelt werden soll.[89]

Da beide narrative Instanzen aber auch einem sehr wichtigen Narrativ[90] der Holocaust-Überlebenden zuzuordnen sind, möchte ich, bevor ich genauer auf die Instanzen eingehe, noch wenige Grundzüge dieses gattungsbildenden Narrativs der ‚Holocaust-Literatur' vorstellen. Gemeint ist das Narrativ des literarischen Zeugnisablegens, welches als Hauptmerkmal und Zweck der ‚Holocaust-Literatur' gilt, da die Überlebenden das Zeugnisablegen weniger als literarischen Akt, denn als biologische Notwendigkeit, wenn nicht sogar als einzigen Überlebensgrund verstanden. Speziell in der jüdischen Tradition spielt das Zeugnis eine besondere Rolle, wird als Gebot in Thora und Talmud verstanden, wodurch dem literarischen Zeugnis des Holocaust im Judentum ein ontologisch privilegierter Status zufällt.[91] Im Ablegen des literarischen Zeugnisses beabsichtigen die Überlebenden die Verifikation der eigenen Verkettung mit der Erfahrung, die Bewahrung erlebter Ereignisse vorm Vergessen und die zukunftsgerichtete Gestaltung des kollektiven Gedächtnisses. Für die Überlebenden im so oft diskutierten Dilemma zwischen Bilder- und Schweigeverbot[92], dem zwingenden Bedürfnis auszudrücken, was nicht auszudrücken möglich scheint, kann das Zeugnis auch verstanden werden als der Versuch „sich wieder in eine Welt von Bedeutung einzuschreiben", das heißt, „retrospektiv eine Wirklichkeit zu um- und zu beschreiben, die sich der Sprache durch den radikalen Ausschluss aus der sprachlichen Gestaltung entzog."[93] Hier scheint auch das Potential der Narrative der ‚Holocaust-Literatur' zu liegen, welche durch die Erzählstrategien

---

89 Diese Wahl soll noch genauer begründet werden, kann bisher jedoch schon durch die Originalsprache, den ursprünglichen Erscheinungsort des Textes und durch die Verortung der Handlung der Erzählung gestützt werden.

90 Den Begriff des Narrativs verstehe ich als Erzählung, wobei hier der intertextuelle Bezug im Vordergrund steht. Im Gegensatz zu Narration, die eine konkrete Erzählung im Text meint, könnte man das Narrativ als Erzählmuster beschreiben bzw. als außertextuelle Schablone, die dann in der konkreten Narration realisiert bzw. umgesetzt wird.

91 Vgl. Young, James E., „Beschreiben des Holocaust", S.42

92 Hier erneut der Bezug auf Adornos Diktum, laut dem Sprechen über den Holocaust unmöglich geworden und Schweigen die einzige Ausdrucksweise zu sein schien. Dem entgegen richtet sich allerdings die Auffassung, dass das Schweigen angesichts des Gedenkens an die Opfer moralisch nicht vertretbar ist. Vgl. Münz, Christoph, „Wohin die Sprache nicht reicht...", S.2

93 Zangl, Veronika, „Poetik nach dem Holocaust", S.128

der Unterbrechung vermochten, was so wichtig war und ist: „[...] das Unsagbare auszusagen und auf diese Weise narrative Rahmen entstehen zu lassen, die sowohl die Wahrnehmung des Holocaust als auch Geschichte ermöglichen.“[94]

B.3. Zum Spezifikum der unterschiedlichen Narrative

In der Erzählung *Nie ma Żydówki* können die Narrative der beiden Erzählenden als Narrative des Holocaust-Zeugnisses gelesen werden. Fajgas Erzählung funktioniert als direktes, frühes Zeugnis und die Narration des ‚Autor-Erzählers‘ als stellvertretendes, intellektuelles, spätes Zeugnis. Darüber hinaus kann die textimmanente und textexterne Kommunikation narratologisch betrachtet an den zwei verschiedenen Narrativen festgemacht werden: Das Narrativ des intellektuellen Zeugnisses im Dialog innerhalb des polnischen Diskurses funktioniert als Abbild der textexternen Kommunikation, und als textimmanente Kommunikation funktioniert, über das Narrativ Fajgas mit der jüdischen Gemeinde, der jüdische Diskurs. Die strikte Aufteilung der Narrative in direktes und intellektuelles Zeugnis und der Diskurse auf textinterne und textexterne Kommunikation ist nicht invariabel oder repräsentativ für den Text im Ganzen, ermöglicht aber als funktionale Abgrenzung eine Konzentration auf den kommunikativen Aspekt der Erzählung.

Das Besondere der zwei Narrative, die auf die extra- und intradiegetische Ebene verteilt sind, ist, dass die textexterne Kommunikation im Text selbst auf der extradiegetischen Ebene von der Erzählerfigur thematisiert wird und dass dadurch auch die beiden Diskurse interagieren. Es findet eine Grenzüberschreitung oder -verwischung in der literarischen Kommunikation zwischen extradiegetischer und intradiegetischer Ebene statt, was durch Metalepsen (das Überschreiten narratologischer Grenzen) der narrativen Instanzen, die in beide Erzählungen involviert sind, realisiert wird und die textexterne Kommunikation verstärkt miteinbezieht.

Die beiden Diskurse, der polnische und der jüdische, die, auf ihre raum-zeitliche Wirklichkeit bezogen, getrennt voneinander stattfinden, werden im Text quasi gleichzeitig dargestellt, wodurch eine fiktionale Beziehung und Reibung entsteht, die noch genauer beschrieben werden soll. Diese, narratologisch be-

[94] Zangl, Veronika, „Poetik nach dem Holocaust“, S.197

trachtet, sehr besondere Gestaltung der Erzählung hat über die Grenzen des Textes hinaus für die ‚Holocaust-Literatur' Bedeutung: Einerseits stellt der Text durch sein Erscheinen in zeitlicher Distanz zu den Ereignissen, von denen er erzählt, in der Textkommunikation über den Holocaust für die spezielle Kommunikationsgemeinschaft eine Aktualisierung ihres Sinngefüges dar.[95] Andererseits provoziert die von der narrativen Instanz der Rahmenerzählung bewusst eingesetzte Thematisierung der Fiktionalität jeglichen Schreibens und der Skepsis gegenüber der Erzählung über den Holocaust das Involvieren der textexternen Kommunikation, eine kritische Auseinandersetzung mit dem Diskurs über ‚Holocaust-Literatur'.

Durch die antirealistischen Momente, welche die Differenz zwischen Realem und Imaginiertem aufheben, was für zeitgenössisches Erzählen nicht ungewöhnlich ist, wird der Anspruch, dass der Autor genau wissen müsse, wie es war[96], auch für ‚Holocaust-Literatur' diskutiert. Der Text wird durch seine Selbstreflexion gegen die „Lüge der Darstellung"[97] gültig und schafft einen narrativen Rahmen, in dem das Undarstellbare als Fragment von Wahrheit zum kommunizierbaren Ausdruck kommen kann. Die Kommunikation über den Holocaust wird kritisch reflektiert und durch den Text in der Sprache der Gegenwart aktualisiert, worin ein ganz besonderes kommunikatives Potential liegt, welches die Lesenden geradezu zur Auseinandersetzung mit dem Text und der Problematik provoziert und herausfordert.

---

95 Vgl. Kasics, Kaspar, „Literatur und Fiktion", S.22ff

96 Hier beziehe ich mich auf Adorno, der sich kritisch auf die Einheit von Autor und Text bezieht. Vgl. Adorno, Theodor W., „Standort des Erzählers" in „Moderne Erzähltheorie", hg. v. Karl Wagner, Wien, 2002, S.170-177

97 Adorno, Theodor W., „Standort des Erzählers", S.175

C. Die Erzählenden

Bisher habe ich die Akteur_innen der literarischen Kommunikation und die Erzählenden ohne weitere Erklärung gleichgesetzt. Spricht man von einem Akteur in der literarischen Kommunikation, so wird im eigentlichen Sinne der literarische Text als Mittel kommunikativer Sprach- oder Handlungsspiele, als Subsystem der pragmatischen Textkommunikation verstanden.[98] Die bereits erwähnte Aufteilung in textinterne und textexterne Kommunikation ist dabei aus kommunikationstheoretisch-pragmatischer Sicht kaum haltbar,[99] da diese nicht an einer Aufspaltung der einzelnen Instanzen im Text interessiert ist, sondern an der Wirkung der Gesamtheit Text in der Kommunikation. Würde man sich aber allein dieser Perspektive bedienen, ginge ein gerade für die Literatur so wichtiges Element unter – die Untersuchung der narrativen Instanzen lässt uns erst aufschlüsseln und verstehen, wie ein Text funktioniert, warum er auf seine Art wirkt, und lässt uns damit auch seine Kommunikation besser verstehen. Somit sollen in der Bezeichnung „Erzählende" bzw. „Zuhörende" in Kapitel D alle beteiligten Stimmen der Erzählung eingeschlossen werden und der Blickwinkel der literarischen Kommunikation dabei eine Betonung des Kontextuellen bewirken, also der Diskursivität des Textes.

Der Erzähltheorie nach Genette zufolge, wird auch der empirische Autor aus der Analyse ausgeklammert, welcher allerdings aufgrund der Zeugnisfunktion von ‚Holocaust-Literatur' auf den ersten Blick für die Kommunikation äußerst relevant scheint. Ich möchte in meiner Untersuchung dennoch dem strukturalistischen Ansatz Genettes nachkommen, mich dabei vom Autorstreit[100] lösen und eine Haltung vergleichbar mit jener Umberto Ecos[101] einnehmen. Eco geht davon aus, dass der kulturelle und sprachliche Hintergrund des empirischen Autors natürlich für den Text relevant sind, aber auf keinen Fall von einer Identität

---

98 Vgl. Kasics, Kaspar, „Literatur und Fiktion", S.17

99 Vgl. Kasics, Kaspar, „Literatur und Fiktion", S.29

100 Maßgeblich Roland Barthes Text „Der Tod des Autors" stieß in den 60er Jahren eine kritische Diskussion über die Figur und Rolle des Autors sowie eine Kritik der autobiographistischen Rezeption von Literatur an und mündete, knapp formuliert, in einer reflektierteren Auffassung und Wahrnehmung des Autors bzw. der Autorin als Urheber_in eines Textes und nicht als seine Texte personifizierende reale Person.

101 Siehe Eco, Umberto, „Zwischen Autor und Text", S.279-297

von Autor und Erzähler ausgegangen werden darf.[102]

Denn zwischen dem empirischen und dem exemplarischen Autor der expliziten Textstrategie liegt der Grenz- oder Schwellenautor, welcher quasi die Absicht eines leibhaftigen Menschen mit der Sprachintention, die sich in der Textstrategie niederschlägt, vereint. Und damit ist es schließlich der Text, der seine eigenen Effekte schafft, der vorliegt und ein vom Autor abgelöstes Eigenleben führt.[103] Es ist also wichtig, „die Differenz zwischen der Textstrategie[...]und dem genuinen Entstehen dieser Strategie zu begreifen."[104]

Mit diesem Verständnis möchte ich nun erst den Erzähler als Holocaust-Überlebenden und dann Fajga als Erzählerin und Holocaust-Überlebende beschreiben und dabei auf die Besonderheiten, Unterschiede und daraus resultierende verschiedene Möglichkeiten der beiden Narrative und der sie integrierenden Diskurse eingehen.

C.1. Der Erzähler als Holocaust-Überlebender

Durch die zeitliche Verortung, die im Text manifest wird, wo vom Heute als einer Zeit gesprochen wird, in der die Enkel_innen der Überlebenden Auschwitz als Museum besuchen[105], und der Datierung des Textes im Jahr 2007 kann das Narrativ, das ich bereits einem polnischen Diskurs zugeordnet habe, auch dem Diskurs des späten literarischen Holocaust-Zeugnisses zugeordnet und der Erzähler als explizit polnische Stimme ausgemacht werden. Der Erzähler betont seine Zugehörigkeit zur Geschichte seiner Erzählung mehrmals im Text und kennt die polnische Kultur gut, so verwendet er Metaphern, die nur im polni-

---

102 Eco bedient sich hier des Beispiels eines in einer Flasche gefundenen Textes, ohne Angaben zu Zeit, Ort und Autor, und meint: „Bei einem so komplexen Austausch zwischen meinem Wissen und dem Wissen, das ich einem unbekannten Autor unterstelle, spekuliere ich nicht über dessen persönliche Motive, sondern über die Textintention oder die Absichten jenes exemplarischen Autors, den ich aus der Textstrategie ableiten kann." Eco, Umberto, „Zwischen Autor und Text", S.281

103 Vgl. Eco, Umberto, „Zwischen Autor und Text", S.291

104 Eco, Umberto, „Zwischen Autor und Text", S.293

105 Pankowski, Marian, „Nie ma Żydówki", S.199: „[...] Treblinka i Auszwic to dziś muzea, gdzie wnuki ofiar fotografują się, stojąc na rodzinnych popiołach, [...]" [Treblinka und Auschwitz sind heute Museen, wo die Enkel der Opfer auf der Asche ihrer Familien stehen und sich fotografieren]

schen Kontext verständlich sind und ein bestimmtes gemeinsames Wissen voraussetzen[106], weshalb ich u.a. seine Zuordnung zum polnischen Diskurs gerechtfertigt sehe.

Der Erzähler des ersten Abschnitts von *Nie ma Żydówki* stellt gleich zu Beginn fest, dass es nicht einfach sei, Hymnen für das Schicksal der Juden zu finden: „Niełatwo zaczynać Słowo o tych drugich, przemierzających pustynie, dla których sam Jahwe wytyczył szlak niebotyczny..." [„Es ist nicht leicht, Hymnen zu finden für die Wege derer durch die Wüsten, denen Jahwe einen hochgesteckten Weg vorgezeichnet hatte."][107], womit er einerseits seine Intention für den Text formuliert und andererseits die Aufmerksamkeit darauf lenkt, dass der Text von ihm produziert wird, indem er die Schwierigkeit des Erzählens anspricht.

Dieser Erzähler ist der Erzähler 1. Ebene, der extradiegetische Erzähler der Rahmenerzählung, der sich als ‚Autor-Erzähler' an das exemplarische Publikum richtet. Die anfangs absolut scheinende Abwesenheit des Erzählers in der Welt der Figuren, die er stilisiert, indem er sie als Figuren seiner Phantasie ausgibt, und durch die Polarisierung zwischen ihm als „ich" und „den Juden" als „ihnen" suggeriert, wird gleich im ersten Abschnitt der Erzählung subtil in Frage gestellt. Die Polarisierung kann als Ausdruck der polnisch-jüdischen Gedächtnis- und Leidensdifferenz verstanden werden, die als Aporie zentral für den polnischen Diskurs ist[108] und im Text durchaus kritisch oder provokant eingesetzt wird.[109]

Der Erzähler, der die Geschichte der Juden in einem sehr subjektiven, historischen Rückblick erzählt, gibt sich allwissend gottgleich, die ganze Historie des jüdischen Volkes überblickend, als Konstrukteur, was als Ausdruck der „Wende

---

[106] z.B. S.211/[214]: „Idzie Marek, dmuny, jak fronotwy żołnierz do szturmu w opowieści pana Bałbecikiego [...]" übersetzt mit: „Marek geht los, stolz wie Artaban oder der Frontsoldat aus der Erzählung des Herrn Balbecki[..]", wobei die Übersetzung nahe legt, dass das Bild des Soldaten im Deutschen einer weiteren Beschreibung bedarf und damit die These stützt. Ebenso siehe S.213/[216]: „jakby czytała chorym dzieciom *O krasnoludkach i sierotce Marysi.*" übersetzt mit dem Zusatz: „erzählt [...], so als ob sie kranken Kindern *Die Schöne schlafend im Wald (ein Märchen)* vorlesen würde.", um nur zwei Beispiele unter vielen zu nennen.
[107] Pankowski, Marian, „Nie ma Żydówki", S.177/[176]
[108] Vgl. Breysach, Barbara, „Schauplatz und Gedächtnisraum Polen", im Kapitel zur polnischen Schuld, S.220ff
[109] Siehe Kapitel D.1. *Zum polnischen Diskurs*

vom zeugnisgestützten zum kulturellen Blick auf die Vergangenheit“[110] verstanden werden kann.

Dieses Auftreten steht im Kontrast zu dem Bild, das entsteht, wenn er von der Geschichte des II. Weltkrieges erzählt, in die er involviert scheint: „A kiedy pomnik werbli germańskich ogłuszył niebo i ziemię, słyszałem, jak powtarzali, ufne dzieci Boże: [...]“ [„Und als das Dröhnen der germanischen Trommeln Himmel und Erde taub machte, hörte ich sie als vertrauensvolle Kinder Gottes immer wieder sagen: [...]“][111]. So auch, wenn er z.B. erzählt, wie er die Namen der Juden und Jüdinnen aus seiner Stadt in eine Baumrinde ritzte. Durch das Nennen der jüdischen Eigennamen, die im heutigen Polen fast nicht mehr anzutreffen sind, manifestiert sich im Text ein Stück jüdischen Lebens und es entsteht der Eindruck, Details zu erfahren, was dem Text wiederum eine authentische Wirkung verleiht.[112]

Durch das Vorbringen dieser Namen wird er der Funktion des Erinnerns der unzähligen Opfer gerecht, erfüllt die Aufgabe des Zeugnisses als elementarem Komplex der ‚Holocaust-Literatur‘, die Opfer zu individualisieren und ihnen ein Gesicht zu geben,[113] nennt Namen, die zwar empirisch nicht nachprüfbar sind, jedoch typisch jiddisch klingen und somit autobiographische Bezüge suggerieren.

Damit wirkt der Erzähler der sonst von ihm betonten Fiktionalität des Textes mit möglichen authentischen Verweisen entgegen, welche die der narrativen Instanz immanente Ambivalenz zwischen stellvertretendem und direktem Zeugnis darstellen. Die dargestellte Ambivalenz zwischen einem extradiegetischen Erzähler, der offensichtlich als Konstrukteur seiner Erzählung auftritt, heterodiegetisch ist, und einem extradiegetischen, der homodiegetisch[114] involviert zu sein scheint, wird auch im 2. Abschnitt mit der Überschrift „Wybor imienia bohaterki niniejszego opowadania“ [„Die Wahl des Namens für die Heldin dieser

---

[110] Breysach, Barbara, „Schauplatz und Gedächtnisraum Polen“, S.36

[111] Pankowski, Marian, „Nie ma Żydówki“, S.177/[176]

[112] Vgl. Bode-Jarsumbeck, Daniel, „Die literarischen Reportagen Hanna Kralls“, S.107f

[113] Vgl. Bode-Jarsumbeck, Daniel, „Die literarischen Reportagen Hanna Kralls“, S.4

[114] Heterodiegetisch ist der Erzähler, wenn er selbst keine Figur der Geschichte ist, die er erzählt. Homodiegetisch bedeutet folglich, dass der Erzähler Teil seiner Geschichte ist. Diese Einteilungen Genettes sind keinesfalls stabil, also auch innerhalb eines Textes wandelbar.

Geschichte"][115] sehr gut deutlich. Hier wird vom extradiegetischen, heterodiegetischen Erzähler als „ich" die (Illusion von) Simultanität der Schreib- und Erzählsituation evoziert, wenn er erzählt: „Przystanął mój długopis, żebym mógł spokojnie wybrać imię dla młodej Żydówki, żeby z nim na chorągwi ruszyć w stronę Historii niełatwej, pomimo że wczorajsza i tak mi bliska." [„Mein Stift stockt, um in Ruhe einen Vornamen für die junge Jüdin zu wählen und unter seinem Banner dem Weg dieser Geschichte zu folgen, die, obwohl gestern geschehen, nicht gerade leicht ist und mir sehr nahe geht."][116], wobei die Wahl des Namens für die Heldin, den Erzähler persönlich berührt: „Kiedy powtarzam „Fajga", jakbym witał żonę wracająca zza siedmiu fal Charonowej rzeki." [„Als ich „Fajga" nachspreche, ist mir, als hieße ich meine Frau, zu mir zurückgekehrt über die sieben Wellen des Acheron, willkommen."][117]

An dieser Textstelle und an der Widmung der Erzählung an Pankowskis Frau präsentiert der Text neben der Vielfältigkeit des Erzählers einen direkten autobiographischen Bezug. Der Verweis auf den authentischen Kern der Schilderung ist für die sekundäre Zeugenschaft charakteristisch,[118] wobei

> „das literarische Gedächtnis [...] an die Konzeption der Zeugenschaft häufig als eine rhetorische Figur an[knüpft]: Die primäre Form des Zeugnisses von Überlebenden ist selten geworden und wird literarisch imitiert und reflektiert."[119]

Die Doppeldeutigkeit spielt im Text eine wesentliche Rolle, da sie auch auf die Funktion des Textes für den empirischen Autor verweist. Die Widmung an seine Frau als Parallele zum Zeugnis, zum Gedenken und die autobiographischen Bezüge im Text, sowie das „Berührt-Sein" des Erzählenden legen nahe, dass die Erzählung auch ein Stück Trauerarbeit ist, auf die ich im Umfang dieser Arbeit nicht genauer eingehen kann, mit folgendem Zitat jedoch verweisen möchte:

> „If one considers this novel (which seems to take its distant inspiration from the survival of Pankowski's wife during World War Two) and the protagonist Fajga's frag-

[115] Pankowski, Marian, „Nie ma Żydówki", S.181/[180]
[116] Pankowski, Marian, „Nie ma Żydówki", S.181/[180]
[117] Pankowski, Marian„„Nie ma Żydówki", S.181/[182]
[118] Vgl. Bode-Jarsumbeck, Daniela, „Die literarischen Reportagen Hanna Kralls", S.9
[119] Breysach, Barbara, „Schauplatz und Gedächtnisraum Polen", S.36

mented remembrance of the time as indicative of her trauma's lingering effect, the novel's Trauerarbeit can potentially be privileged as the most persuasive reading.“[120]

Die Dialogizität des literarischen Zeugnisses wurde bereits angesprochen und wird auch im Kapitel E.1.1 *Zur Koexistenz und Interferenz der Stimmen* noch einmal Thema sein. Worauf ich an dieser Stelle jedoch bereits hinweisen möchte, ist die Operativität des Textes im Moment des Lesens, was natürlich nicht nur die Leser_innen betrifft, die den Text am Ende als Buch in ihren Händen halten, sondern auch den Verfasser des Textes, der im Prozess des Schreibens auch automatisch in den Prozess des Lesens involviert wird. Blicken wir zurück auf die Grundzüge der Textkommunikation, ergibt sich hier eine besondere Situation für das Erzeugen und Dechiffrieren einer Mitteilung im Sinne der Bewältigung bzw. der Trauerarbeit, welche nicht explizit Gegenstand dieser Arbeit ist, aber wie auch schon bei Bożena Shallcross im obigen Zitat deutlich gemacht, ein wesentliches Element der ‚Holocaust-Literatur‘ darstellt.

Im Kapitel „Podróż Fajgi Oberlender do miasteczka Azojville w Ameryce“ [„Die Reise der Fajga Oberlender in das Städtchen Azojville in Amerika“][121] beginnt der Erzähler Fajgas Geschichte zu erzählen. Er nimmt sich als stiller Beobachter zurück, ist heterodiegetisch, weiß mehr als eine beteiligte Figur wissen könnte, und durch Passagen im Präsens wird das Geschehen, Fajgas Ankunft in Amerika im Mai 1950, in den Vordergrund gerückt, wobei schrittweise eine Fokalisierung auf Fajga einsetzt, was Nähe herstellt.

Im darauffolgenden Kapitel tritt der Erzähler zu Beginn wieder deutlicher auf, ist zum Teil ein kommentierender Erzähler („Prezes dał znak ręką Sekretarzowi. Ten, jakby stworzony do tej roli, [...]“ [Der Vorsitzende gab dem Sekretär mit der Hand ein Zeichen. Dieser – wie geschaffen für diese Rolle – ...][122]), überlässt das Erzählen dann aber immer mehr den Figuren, wodurch eine Nähe zur Situation entsteht und die Heldin in ihrer direkten Rede unmittelbarer wirkt. Diese Situation, einem Interview gleich, wirkt je nach Position des Erzählers unmittelbar oder, wenn er sich dann wieder einbringt, fiktiv. Die Narration schreitet von der auktorialen Fokalisierung des 1. Abschnitts, einer Übersicht, über die exter-

---

120 Shallcross, Bożena, „Gay camp identity in Marian Pankowski's writing“ in: *Russian Literature*, Vol. 70(4), 2011, S.513

121 Pankowski, Marian,„Nie ma Żydówki“, S.183/[182]

122 Pankowski, Marian, „Nie ma Żydówki“, S.185/[186]

ne Fokalisierung (neutrale Außensicht) schließlich zur internen Fokalisierung, der aktorialen Mitsicht aus Fajgas Perspektive.[123] Das Zitat „Ręka w głębi sali:" [„Im Hintergrund des Saales hebt sich eine Hand"][124] zeigt, dass die Hand aus Fajgas Position vor dem Publikum beschrieben wird. Geht es um die Erfahrung der Figur Fajga, erzählt sie diese in der direkten Rede stets selbst, wodurch im literarischen Narrativ der ‚Holocaust-Literatur' die moralische Grenze garantiert wird, dass der intellektuelle Zeuge nicht versucht, sich mit dem Opfer zu identifizieren.[125]

Im Abschnitt „O starzeniu się wydarzeń i o Żydach odartych z człowieczeństwa" [„Über das Altern der Ereignisse und über Juden, die ihres Mensch-Seins beraubt wurden"][126] gibt der Erzähler im Präsens, was wie im ersten Abschnitt die Wirkung der Verallgemeinerung hat, Gedanken über „die Juden" wieder, welche erneut stark von Alterität geprägt sind, er also derselbe Erzähler wie im 1. Abschnitt zu sein scheint und doch nicht derselbe wie z.B. im zweiten Abschnitt, was die Konzeption des ‚Autors' als Regisseur der Geschichte verdeutlicht, der einzelne Stimmen zu einer Komposition zusammenführt und in kritischer Distanz von antisemitischen Stereotypen erzählt, zu denen er sich erst diffus und dann eindeutig positioniert.

Fajgas Geschichte wird schließlich von der Stimme im Off („Głos off") weitererzählt und kaum merkbar passiert die Einführung der Figur des Autors, der als weiterer Erzähler in die Erzählung eintritt, Figur und Erzähler gleichzeitig ist und an den Fajga später ihre Erzählung abgibt, wodurch er uns als *reale* Figur der intradiegetischen Ebene erscheint, so als würde er Fajga in Amerika begleiten. Dieser Autor erzählt dann im Abschnitt „Autor przejmuje tok opowieści" [„Der Autor nimmt den Lauf der Erzählung wieder auf"][127] im Präsens, synchron wirkend und Spannung erzeugend, wie die Kinder Fajga in eine Falle locken wollen, wobei er die Gedanken der Figuren kennt und am Ende die Grenze von der intradiegetischen in die metadiegetische Ebene überschreitet, da er sieht,

123 In die Narratologie führte Genette die Unterscheidung zwischen der Frage „wer sieht?" und „wer spricht?" ein. Die Fokalisierung meint also, aus welcher Perspektive der Erzähler spricht, ohne selbst die Figur dieser Perspektive zu sein.

124 Pankowski, Marian, „Nie ma Żydówki", S.189/[190]

125 Vgl. Bode-Jarsumbeck, Daniela, „Die literarischen Reportagen Hanna Kralls", S.4

126 Pankowski, Marian, „Nie ma Żydówki", S.197/[200]

127 Pankowski, Marian, „Nie ma Żydówki", S.215/[218]

was die anderen Figuren nicht sahen, nämlich den forschenden Blick des Polizisten[128].

Dieser Grenzgang entlarvt die Figur des Autors als Konstruktion des ‚Autor-Erzählers' und wird dann noch betont, indem der „Autor" die Illusion erzeugt, er würde aus der Situation der Vergangenheit direkt nach Azojville umschwenken: „Autor przenosi pokrzykiwania dzieci witających odwilż do miasteczka Azojville w Stanach, gdzie, to znaczy w domu państwa Hazenlaufów, bohaterka z coraz większą swadą opowiada, [...]" [„Der Autor nimmt die das Tauwetter begrüßenden Rufe der Kinder mit ins Städtchen Azojville in den Vereinigten Staaten, wo unsere Heldin im Hause der Hazenlaufs mit wachsendem Schwung erzählt [...]"][129]. Die Figur des Autors erzeugt Nähe und Authentizität und ist eine weitere Möglichkeit für das Narrativ des Erzählers, der dadurch mehrere Perspektiven in sich vereinen kann, was rein logisch nicht möglich wäre.

Der Schuppen, in dem Fajga sich versteckte, wird vom Erzähler ausführlich beschrieben und kann in der polnischen literarischen Kommunikation als Motiv verstanden werden. Das Motiv des Verstecks ist für den polnischen Diskurs wichtig und bringt zum Ausdruck[130], was Barbara Breysach als entscheidenden Punkt für das polnische Gedächtnis ansieht, nämlich

> „das vor den Augen der polnischen Nachbarn unsichtbar gemachte Judentum und deren ambivalente bzw. feindliche Einstellung zu diesem verborgenen Judentum, das auf den Schutz der polnischen Gesellschaft [...] angewiesen war."[131]

Vom Erzähler in *Nie ma Żydówki* wird eine Schutz bietende polnische Familie dargestellt, deren Dilemma spezifisch für Polen und emphatisch beschrieben wird und außerdem dazu motiviert, den Erzähler selbst diesem speziell polnischen Diskurs zuzuordnen. Diese Zuordnung findet sich auch im Epilog bestätigt, in dem der Erzähler, sich auf den polnischen Kontext beziehend, Kritik am Kanon übt.

Dennoch gilt es, den Epilog nicht ausschließlich im polnischen Diskurs zu verorten, denn die Stimme des extradiegetischen Erzählers spricht durch die gewonnene Vielseitigkeit seiner Stimmen und die Präsenz in mehreren narrativen

---

[128] Siehe Pankowski, Marian, „Nie ma Żydówki", S.221/[224]

[129] Pankowski, Marian, „Nie ma Żydówki", S.221/[224]

[130] Vgl. Breysach, Barbara, „Schauplatz und Gedächtnisraum Polen", S.33

[131] Breysach, Barbara, „Schauplatz und Gedächtnisraum Polen", S.11

Ebenen alle Figuren aller Ebenen an, sich selbst und den exemplarischen Leser eingeschlossen, was eine allgemeine Kritik am Kanon der ‚Holocaust-Literatur' impliziert.

C.2. Die Figur der Fajga als Holocaust-Überlebende

Fajga ist eine fiktive Figur, die vom ‚Autor-Erzähler' als Heldin der Erzählung zweiter Ebene konstruiert wird. Die intradiegetischen Ereignisse, die Reise Fajgas nach Amerika, ihr Erzählen vor der jüdischen Gemeinde, werden vom extradiegetischen Erzähler erzählt, was Fajga zur intradiegetischen Figur macht. Die Ereignisse, von denen in ihrer Erzählung, einer Erzählung 2. Ebene, die Rede ist, sind somit metadiegetische Ereignisse und Fajga als Heldin ihrer eigenen Erzählung ist metadiegetisch. Fajga, anfangs nur im Dialog mit der jüdischen Gemeinde in direkter Rede erzählend, wird immer mehr zur intradiegetisch-autodiegetischen[132] Erzählerin.

Ihre Darstellung als Erzählerin wird vom extradiegetischen Erzähler gesteuert und durch die Fokalisierung, die sie immer mehr in den Blickpunkt rückt, entsteht ein fließender Übergang, der die Illusion von Fajgas Unmittelbarkeit hervorruft, wenn sie im Abschnitt „Fajga Oberlender o tym, jak było" [„Fajga Oberlender erzählt, was geschehen ist"][133] schließlich selbst durch ihre direkte Rede zur Erzählerin der Erzählung 2. Ebene wird, die sie rückblickend erzählt. Dies gelingt auch in Fajgas Monolog im Präsens im Abschnitt „Żywe słowa Fajgi Oberlender" [„Jetzt spricht Fajga Oberlender"][134], der erst zeitlich im Jahr 1950 verortet werden kann, als der Rabbi der jüdischen Gemeinde sie unterbricht und der ‚Autor-Erzähler' langsam wieder offensichtlich die Fäden in die Hand nimmt.

Durch die Gestaltung dieser narrativen Instanz als Erzählerin einer rein aktorialen Fokalisierung und der subjektiven Darstellung, welcher die mit der zeitlichen Distanz einsetzende Objektivität fehlt, wirkt diese Instanz sehr authentisch und reibt sich mit ihrer vom ‚Autor-Erzähler' suggerierten Rezeption, die immer wieder die Fiktionalität Fajgas betont – die Wahl ihres Namens, die Worte: „Wyposażona w niniejszą tożsamość, ląduje w tej chwili na lotnisku w Nowym

132 d.h. einer Erzählerin, die die Hauptfigur ihrer eigenen Erzählung ist.

133 Pankowski, Marian,„Nie ma Żydówki", S.209/[210]

134 Pankowski, Marian,„Nie ma Żydówki", S.225/[230]

Yorku" [„Mit dieser Identität ausgestattet landet sie in diesem Augenblick auf dem New Yorker Flughafen"][135].

Ihre Geschichte, die sie in Amerika als mündliches Zeugnis ihres Überlebens wiedergibt, versucht Fajga realistisch und detailliert darzustellen, um Glaubhaftigkeit unter ihrem Publikum zu erwirken. Die Angst, dass einem nicht geglaubt wird: „Było całkiem inaczej. Stało się coś... coś strasznego... Ja nigdy tego nie pojmę... zresztą nikt nie uwierzy w to, co opowiem." [„Es war ganz anders. Es geschah etwas... etwas Entsetzliches... Ich werde es nie verstehen... außerdem wird mir niemand glauben, was ich erzähle."][136], ist für das direkte Zeugnis charakteristisch und Ausdruck der Folgen des Zivilisationsbruchs,[137] der die Holocaust-Überlebenden ihre Vergangenheit kaum in die neue Lebenswirklichkeit integrieren ließ. Fajgas Bericht ist an der Schnittstelle kollektiver und individueller Erinnerung zu verorten,[138] wobei ihr Fremdfühlen eine Diskrepanz, ein unterbrochenes Wir der jüdischen Identität zum Ausdruck bringt.

Vor allem in Bezug auf die jüdische Bevölkerung Amerikas wurden die Möglichkeiten zur Identifikation durch die Distanz zum zerstörten Europa und der eigenen Unversehrtheit der amerikanischen Büger_innen stark erschwert.[139] Fajgas Gedanken im Flugzeug: „Bo jak tu nazwać jednoznacznie ludzi, którzy tam, na dole, na mnie czekają? Słowa migały, uciekały jak w zerwanym filmie, słowa określające rodaków, nie rodaków, w każdym razie „swoich"." [„Denn wie soll man eigentlich die nennen, die sie dort unten erwarteten? Die Worte flatterten mit großer Geschwindigkeit vorbei wie Bilder eines gerissenen Films, Worte, die diejenigen als Landsleute bezeichneten, die eigentlich keine waren, aber auf jeden Fall „zu ihr gehörten"."][140] beziehen sich auf diese Diskrepanz und betonen dennoch die gemeinsame jüdische Identität, die in dieser Hinsicht von der jüdischen Erfahrung der Diaspora speziell geprägt ist.

Durch Fajgas Gedanken und Geschichte wird auch die vergleichsweise banale und doch grundsätzliche Schwierigkeit thematisiert, mit der sich die Überleben-

---

135 Pankowski, Marian, „Nie ma Żydówki", S.183/[182]

136 Pankowski, Marian, „Nie ma Żydówki", S.193/[194]

137 Vgl. Bode-Jarsumbeck, Daniela, „Die literarischen Reportagen Hanna Kralls", S.1

138 Vgl. Zangl, Veronika, „Poetik nach dem Holocaust", S.17f

139 Vgl. Levy, Daniel/Sznaider Natan, „Erinnerungen im globalen Zeitalter: Der Holocaust", S.128

140 Pankowski, Marian, „Nie ma Żydówki", S.183/[184]

den konfrontiert sahen, mussten sie sich der neuen Realität anpassen bzw. sich in diese integrieren, sich an deren Sprache, Kleidung, Sitten und Denken adaptieren.

Wie im Dialog mit der jüdischen Gemeinde deutlich wird, hat Fajga nach dem Krieg weder an Barbara, die polnische Schulfreundin, die sie in ihrem Schuppen versteckte, noch an den Förster, der ihr Unterschlupf gewährte, Worte des Dankes für die Hilfe geschrieben. In diesem Verhalten, welches für die amerikanischen Juden aus Azojville nicht nachvollziehbar bleibt, kann der Verlust von Reflexivität, der Möglichkeit, sich selbst zu sehen, gelesen werden. Als Folge der Desintegration des Individuums, der Entsubjektivierung durch den Terror der Nationalsozialisten wurde den Überlebenden die reflexive Aneignung der Welt unmöglich gemacht, da ihr Schicksal ein aufgezwungenes war und Reflexion ad absurdum geführt wurde.[141] Fajgas *undankbares* Verhalten zeugt also davon, wie sehr sie der Zivilisationsbruch mit seiner Logik infizierte, andere Maßstäbe setzte und ihr durch die Traumata der Verfolgung eine *objektive* Betrachtungsmöglichkeit direkt nach dem Krieg unmöglich war, was sich auch in ihrer, die amerikanischen Juden irritierenden, Gleichsetzung von Deutschen und Polen zeigt:

> „Trudno mi oderwać się od szczegółów drastycznych... ugólniając, powiem, że przez tamte lata żyłam przybita faktami, które świadczyły, że przestałam być uważana za człowieka. - Ma pani na myśli oczywiście Niemców? - Nie. Wszystkich. - Chyba nie ludzi z miasteczka N.? - Wszystkich, wszystkich, ... nawet dzieci."
>
> [„Es fällt mir schwer, von den verletzenden Einzelheiten abzusehen. Allgemein würde ich sagen, dass mich in jenen Jahren vor allem die Tatsache bedrückt hat, dass man aufgehört hatte, mich als menschliches Wesen zu betrachten." - „Sie meinen offensichtlich die Deutschen?" - „Nein. Alle." - „Aber wohl nicht die Menschen in dem Städtchen N.?" - „Doch, alle, alle ... sogar die Kinder."] [142]

Diese Darstellung Fajgas als Opfer des Holocaust, das die persönliche Erfahrung über die vom Kollektiv beschlossene Wahrheit und die Einteilung in Gut und Böse stellt, sowie ihr Verhalten, das von der Logik des Terrors so stark infiziert scheint, dass kein Wort des Dankes ihre Retter findet, ist eine kritische Darstellung der Holocaust-Opfer, die in Polen seit Borowski kontrovers diskutiert wurde, weil sie der national-martyrologischen Tradition widerspricht.[143]

---

[141] Vgl. Zangl, Veronika, „Poetik nach dem Holocaust", S.118f

[142] Pankowski, Marian, „Nie ma Żydówki", S.207/[210]

[143] Vgl. Breysach, Barbara, „Schauplatz und Gedächtnisraum Polen", S.257/8

Speziell den polnisch-jüdischen Diskurs belasten Fajgas Worte, wenn sie auf die Frage „A dlaczego nie wróciłas tam... do swego domu – zapyta Prezes.“ [„Und warum bist du nicht dorthin zurückgekehrt … in dein Haus?“, fragt der Präsident.“] antwortet: „Mieszkają w nim ludzi tamtejsi... Powiedzieliby: „Dom chcesz nam zabrać?! Mało ci, że żyjesz!““ [„Dort wohnen Menschen von dort ... Sie hätten gesagt: „Du willst uns unser Haus wegnehmen?! Reicht es dir nicht, am Leben zu sein?“][144].

Die textinterne Kommunikation, das Narrativ der jüdischen Zeitzeugin und Überlebenden, wird im Text als direktes Zeugnis dargestellt und weist die ihm charakteristischen Elemente auf. Für den polnischen Diskurs ist es des Weiteren geprägt durch das Spannungsfeld zwischen polnischem und jüdischem Gedächtnis, was in Kapitel D noch näher ausgeführt werden soll.

144 Pankowski, Marian, „Nie ma Żydówki“, S.229/[234]

D. Die Zuhörenden

Neben den zwei unterschiedlichen Narrativen können die extradiegetische und intradiegetische Erzählung auch zwei unterschiedlichen Diskursen zugeordnet werden – dem polnischen und dem jüdisch-amerikanischen Diskurs, wobei ich vorerst betonen möchte, dass im Rahmen dieser Arbeit nur eine fragmentarische Darstellung möglich ist, die weder Entwicklung noch Historizität berücksichtigen kann, sondern sich innerhalb der Grenzen der Literaturwissenschaft allein an Elementen im Text orientiert.

Diesbezüglich ergibt sich für den polnischen Diskurs eine Perspektive aus der Gegenwart und für den amerikanisch-jüdischen Diskurs die Perspektive der 50er Jahre. Wie bereits angedeutet, soll bei der Beschreibung des narrativen Adressaten in der extradiegetischen Ebene ein exemplarischer Leser mit polnischem Kontext gedacht werden, da mir diese Perspektive, auch wenn sie in Bezug auf den deutschen Diskurs einschränkend wirkt, für den Text besonders interessant und in Anbetracht einer deutschen Leserschaft dieser Zeilen aufschlussreich schien. Elemente des deutschen Diskurses werde ich hier nur kontrastiv einbinden können.

Bevor nun im Besonderen der polnische und dann der jüdisch-amerikanische Diskurs aufgegriffen werden, möchte ich noch einmal die Bedeutung des exemplarischen Lesers klären, der als im Text angelegte Instanz zu verstehen ist, als eine Art Textstrategie, und in dessen Rolle ein empirischer Leser mit bestimmtem Kontext treten kann und dabei wie Genette ihn beschreibt, als gleichwertigen Teil der Erzählsituation, als ständiger Mitarbeiter der Erzählung funktioniert.[145]

---

[145] Siehe Genette, Gérard, „Stimme“, S.263: Proust: „in Wirklichkeit ist jeder Leser, wenn er liest, ein Leser nur seiner selbst.“ Dieser Aspekt des narrativen Adressaten soll in Kapitel E.1.1 *Zur Koexistenz und Interferenz der Stimmen* genauer betrachtet werden.

D.1. Zum polnischen Diskurs

Denkt man den narrativen Adressaten der Rahmenerzählung als polnischen Diskursteilnehmer, dann kann dieser Identität mit der Stimme des extradiegetischen Erzählers herstellen, der in seiner Erzählung, wenn er in der Wir-Form spricht, nicht nur auf Identität mit dem narrativen Adressaten, sondern auch auf ein polnisches Kollektiv anspielt, was sich in Aussagen wie: „[...]dla nas, nieobrzezanych [...]“ [Uns Nicht-Beschnittenen][146] und „no i brzmi swojsko i polsko“ [klingt doch so vertraut, wie bei uns zuhause...][147] ausdrückt. Das Sprechen in der Wir-Form ist ambivalent einzuordnen, wie folgende Frage deutlich macht: „być może dzięki wysokiej jakości rusztów, które odlewaliśmy w auszwickiej giserni?“ [vielleicht dank der guten Qualität der Feuerroste, die wir in der Auschwitzer Gießerei gegossen hatten?][148]. Es bleibt hier für den Lesenden einen kurzen Moment unklar, ob der Erzähler Opfer oder Täter war, die Frage schwebt zwischen den Zeilen, wodurch der Adressat im polnischen Kollektiv des Erzählers polarisierend dem jüdischen gegenübersteht und damit die Frage der polnischen Mitschuld kritisch und subtil berührt wird.

Die Thematik der polnischen Schuld wird im polnischen Diskurs schon während des Krieges reflektiert, wie z.B. das Schaffen Czesław Miłosz' zeigt, der in seinem Gedicht *Campo di Fiori* schon 1943 das polnische Verhältnis von Zeugenschaft, Weiterleben und Schuld behandelt. Das von ihm beschriebene Karussell, das auf der arischen Seite Warschaus so nahe am Ghetto stand, dass die polnischen sich *Vergnügenden* über die Mauern des Ghettos die Flammen und die Not sehen konnten, wurde zum Topos der polnischen Literatur des Holocaust[149] und zeigt den moralischen Kataklysmus, mit dem sich der polnische Diskurs vor allem in der Literatur der ersten Nachkriegsjahre sehr rege auseinandersetzte, was Barbara Breysach schließen lässt, dass „die polnische Literatur, anders als die deutsche, nicht unter dem Vorzeichen einer *Sprache des Schweigens* [...] zu deuten“ ist.[150] Das Schweigen als einzig plausibel scheinende Reaktion auf den Holocaust, wurde für Deutschland vor allem von Adorno

[146] Pankowski, Marian, „Nie ma Żydówki“, S.177/[176]
[147] Pankowski, Marian, „Nie ma Żydówki“„ S.181/[180]
[148] Pankowski, Marian, „Nie ma Żydówki“, S.177/[176f]
[149] Vgl. Breysach, Barbara, „Schauplatz und Gedächtnisraum Polen“, S.220ff
[150] Breysach, Barbara, „Schauplatz und Gedächtnisraum Polen“, S.207

geprägt, der aus einer Schockhaltung heraus eine kulturelle Aporie konstatierte.[151] Die polnische literarische Aufarbeitung kennzeichnet sich dagegen gerade durch das Bedürfnis, der Augenzeugenschaft gerecht zu werden, wie es unter anderem Henryk Grynberg auch von der polnischen Literatur fordert.[152]

Diese Auseinandersetzung wurde, „[...] situiert im Spannungsfeld geographischer Nähe und traditioneller Konkurrenz mit der großen jüdischen Minderheit, [wurde] durch politische Vorgaben und kulturpolitische Tabus seit 1949 immer wieder belastet.“[153]: In einer von polnischer Seite deklarierten Leidensbrüderschaft kam es in der Volksrepublik zur Polonisierung des jüdischen Leids und zu einer Opfer- und Erinnerungsrivalität,[154] deren Aufarbeitung unter anderem von Jan Błoński und in neuer Dringlichkeit von dem Historiker Jan Tomasz Gross gefordert wird.[155]

Die äußerst kritisch und emotional aufgeladene Debatte um eine polnisch-jüdische Opferkonkurrenz wird in der Erzählung *Nie ma Żydówki* im Epilog direkt, ohne jeglichen Pathos und ohne martyrologische Umschreibung und Rücksicht auf polnische Befindlichkeiten behandelt: „My, mieszkańcy europejskiej Krainy Nigdzie, jesteśmy zazdrośni o Wasze pierwszeństwo w dziejach cierpenia narodów, dlatego też nie potrafimy ogarnąć ogromu krzywdy żydowskiej.“ [„Wir, die Bewohner des europäischen „Landes ohne Ort“, wir sind eifersüchtig auf euren Vorrang in der Leidensgeschichte der Völker, deshalb sind wir auch nicht in der Lage, das ungeheure Leid zu erfassen, das den Juden angetan wurde.“][156] Damit wird die Opferkonkurrenz in den polnischen Kontext des Leidens für Europa gesetzt, das für Polen mit dem Selbstverständnis als ‚Chris-

---

151 Vgl. Breysach, Barbara, „Schauplatz und Gedächtnisraum Polen“, S.103ff und Adorno, Theodor W., „Minima Moralia. Reflexionen aus einem beschädigten Leben.“, bzw. Anmerkung 91

152 Vgl. Breysach, Barabara, „Schauplatz und Gedächtnisraum Polen“, S.20 und Grynberg, Henryk, „Holocaust w literaturze polskiej“

153 Breysach, Barbara, „Schauplatz und Gedächtnisraum Polen“, S.198

154 Vgl. Breysach, Barbara, „Schauplatz und Gedächtnisraum Polen“, S.220ff

155 Die Aufarbeitung dieser Differenz wurde zwar schon während der kommunistischen Zeit Polens gefordert, aber eigentlich erst nach der Wende umgesetzt, unter anderem auch durch die von dem Historiker Jan Tomasz Gross im Jahr 2000 angestoßene Debatte mit seinem Buch *Sąsiedzi* (*Nachbarn*).

156 Pankowski, Marian, „Nie ma Żydówki“, S.229/[234]

tus unter den Völkern Europas'[157] einhergeht und sich nicht mit dem jüdischen Leid des II. Weltkrieges vereinbaren lässt.

Die Problematik, einen Umgang zu finden, deutet der Epilog meines Erachtens ebenso an, wenn er fast bitter mit den Worten „Żegnajcie... nie witajcie! uszminkowani popiołem aktorzy, predestynowani do odgrywania kapitalnej jednoaktówki, pod tytułem „Znowu getto w płomieniach!" [„Adieu ... nein, Willkommen! Mit Asche geschminkte Komödianten, auserwählt, den ewig fesselnden Einakter „Das Ghetto steht wieder in Flammen" zu spielen!"][158] Bezug nimmt auf *Campo di fiori* als „Perle des polnischen Repertoires", das nur noch Hülle, Oberfläche und Ritus ist und keine authentische Erinnerung mehr garantiert.

Diese Kritik wird zwar im polnischen Kontext dargestellt, kann aber als allgemeingültige Kritik des Erinnerungsdiskurses gelesen werden, dessen Universalisierung ambivalent diskutiert wird, wenn vom Einzelschicksal losgelöst zu Vereinfachungen gegriffen wird, die dem Gedenken nicht gerecht werden können.

Im polnischen Kontext bekommt auch die verweisende Sprache des ersten Abschnitts, die die Schrecken des Holocaust im Unausgesprochenen lässt, so wird Auschwitz erst auf der 2. Seite beim Namen genannt, sowie die Emotionalität der Erzählstimme, die sich unter anderem in der Verwendung von „..." als Ausdruck einer Pause, und vor allem im 2. Abschnitt bei der Wahl des Namens ausdrückt, eine spezielle Färbung – und zwar die des emotional berührten Augenzeugen.

Denn Polen, das Epizentrum der Vernichtung[159], wurde in die Rolle des Augenzeugen der Vernichtung der Juden gezwungen, weshalb die polnische Kultur von den in Polen verübten Verbrechen an den Juden gekennzeichnet und traumatisiert ist. Die Verlagerung der Vernichtung nach Polen und ihre Umsetzung ent-

---

[157] Die Last und die Folgen des II. Weltkrieges haben das Selbstverständnis Polens als ‚Christus unter den Völkern Europas', das sich während der Teilungen Polens im 18. und 19. Jahrhundert aus der romantischen Strömung heraus, vor allem aber im Schaffen des polnischen Nationaldichters Adam Mickiewicz entwickelte, erneut aufleben lassen und dem polnischen Messianismus zu genüge Berechtigung zugesprochen.

[158] Pankowski, Marian, „Nie ma Żydówki", S.231/[134f]

[159] Dieser Begriff wurde von Henryk Grynberg geprägt, vgl. Breysach, Barbara, „Schauplatz und Gedächtnisraum Polen", S.205

zogen sich dagegen der deutschen Augenzeugenschaft und unterstützten den deutschen Ausweg, die Vernichtung nicht wahrnehmen und anerkennen zu müssen.[160]

In die polnische Dramatik der aufgezwungenen Augenzeugenschaft liegen auch die Worte des Erzählers eingebettet: „W wielkich, bogatych miastach złotym dłutem wykuto ich imiona w marmurze. Naszych na brzozowej korze spisałem...“ [„In anderen Städten, größer und reicher, wurden ihre Namen mit goldenem Meißel in Marmor verewigt. Die Namen der Unsrigen habe ich in eine Birkenrinde geritzt...“][161], die in ihrer Klarheit vielleicht das bezeichnen, was von der polnisch-jüdischen Identität nach dem Holocaust übrig geblieben ist – dem intakten Polentum steht ein zerstörtes Judentum gegenüber und das zerstörte Gemeinsame bleibt nur in der Erinnerung und im Gedenken erhalten. So findet das polnisch-jüdische Miteinander in der Erzählung außer in der Emotionalität der Namenswahl und dem Verweis der gemeinsamen Schulzeit im Nennen der Namen der ehemaligen Mitschüler_innen kaum Ausdruck.

Das Motiv des Zeugen oder des Mitwissenden wird in der Erzählung *Nie ma Żydówki* auch narrativ umgesetzt, indem der narrative Adressat vom Erzähler zum Mittwissenden gemacht wird und an den Geheimnissen der Diegese des Textes teilhaben darf.

Mit der Wahl des Namens für die fiktive Heldin, folglich der offensichtlichen Konstruktion von Geschichte und Erinnerung, wird die Frage nach der Angemessenheit der Erinnerung angestoßen. Die provokante Gestaltung der Figur Fajga Oberlenders ist eine kritische Herangehensweise an Erinnerung, wird diese doch als Konstruktion und als subjektives Bild entlarvt. Durch die Darstellung Fajgas, die nicht dem martyrologischen Opferbild entspricht, wiederholt Pankowski außerdem den ‚Borowski's issue‘[162], also den Tabubruch im polnischen Diskurs, die Opfer des Holocaust nicht nur als Held_innen darzustellen.

Die Darstellung der Wahl der Heldin wie auf einer Bühne und die oft szenischen Darstellungen schaffen einen außertextuellen Bezug zur polnischen Augenzeugenschaft, deren Gegenstück im Bild des Schuppens Ausdruck findet. Im polnischen Gedächtnis kommt den Orten des Überlebens und Verstecks eine be-

---

160 Vgl. Breysach, Barbara, „Schauplatz und Gedächtnisraum Polen“, S.106ff
161 Pankowski, Marian, „Nie ma Żydówki“, S.179/[178]
162 Krupiński, Piotr, „About the revolutions of „Planet Auschwitz““, S.565

sondere Stellung zu, da sie die Rolle Polens als Helfer der verfolgten Juden darstellen, wodurch der Schuppen als Sinnbild eines weiteren Paradigmas der polnischen Holocaust-Erinnerung funktioniert.[163]

In der Konnotation des Bildes „Kraina Nigdzie“[164] bekommt die Bezeichnung Polens als „Land ohne Ort“ eine explizite Mehrdeutigkeit. Der polnischen Perspektive kommt ein, in der Erzählung von einem Franzosen geworfener, aber allgemein *westlicher*, Blick auf Polen hinzu, für den Polen die Reminiszenz der heimlichen Vernichtung der Juden darstellt und im westlichen, vor allem im deutschen Gedächtnis ein bild- und geschichtsloser Ort des Verbrechens bleibt.[165] Eine westliche Perspektive taucht erneut auf, spricht der Erzähler von antisemitischen Äußerungen im historischen Rückblick und gegenwärtig im Gespräch mit einem Dozenten einer westeuropäischen Universität in den aufeinanderfolgenden Abschnitten „O starzeniu się wydarzeń i o Żydach odartych z człowieczeństwa“ [„Über das Altern der Ereignisse und über Juden, die ihres Mensch-seins beraubt wurden“] und „Średniowieczny entomolog Egon Bienenvater o Żydach“ [„Der mittelalterliche Entomologe Egon Bienenvater über die Juden“][166]. In diesen Abschnitten, die antisemitische Stereotype wiedergeben, ist die Position des Erzählers für den Leser erneut nicht sofort einschätzbar und wird erst später als Entlarvung des zeitgenössischen Antisemitismus deutlich.

Dieses Spiel mit dem Leser, der zur Hinterfragung des Gesagten genötigt wird und mit narrativen Mitteln geradezu zur Skepsis und Hinterfragung des Erzählers und zur Interaktion mit dem Text herausgefordert wird, soll in Kapitel E.2.1. behandelt werden. Um ein narratives Mittel handelt es sich z.B. bei der szenischen Darstellung, wie beispielsweise in der Erzählung vom Streich der Kinder, in der die Sprache, die Dialoge und die vereinfachten Rollen der Figuren – die Kinder treten als Indianer auf, die Fragen des Polizisten an die Kinder klingen wie ein Puppentheater – den Leser herausfordern. Als ein weiteres narratives Mittel in diesem Sinne ist die Zeitreise von dieser Sequenz „zurück in die Zukunft“ zum Gespräch in Azojville[167] zu verstehen.

---

[163] Vgl. Breysach, Barbara, „Schauplatz und Gedächtnisraum Polen“, S.33
[164] Erstmals S.177/[176] in Pankowski, Marian, „Nie ma Żydówki“
[165] Vgl. Breysach, Barbara, „Schauplatz und Gedächtnisraum Polen“, S.17
[166] Pankowski, Marian, „Nie ma Żydówki“, S.197/[200] + 199/[202]
[167] Vgl. Pankowski, Marian, „Nie ma Żydówki“, S.209-213 [212-214]

Für den narrativen Adressaten, hier den polnischen Diskurs, ist aber natürlich nicht nur die Rede des extradiegetischen Erzählers relevant, sondern auch die Figurenrede der 2. Ebene, der Erzählung als direktes Zeugnis, die im Folgenden zwar auch allgemein, jedoch speziell für den jüdisch-amerikanischen Diskurs erörtert werden soll.

D.2. Zum jüdischen Diskurs in Amerika

Die jüdische Gemeinde als Dialogpartner scheint für die Erzählung *Nie ma Żydówki* geeignet, da sie eine ähnliche Verfasstheit aufweist, wie die dritte Generation nach dem Holocaust in Europa, eine zeitgenössische Leserschaft also, die in ihrer Mehrheit nach dem II. Weltkrieg geboren wurde und keine direkten Bezüge zum Erzählten hat. Gemeint ist damit eine Distanz zum Geschehen, in der Erzählung von räumlicher Bedeutung, m.E. aber auf die zeitliche Distanz der Gegenwart übertragbar, die den Umgang mit einem Holocaust-Zeugnis oder einer Zeugin, einem Zeugen bestimmt und, wenn auch von der Erzählung zugespitzt dargestellt, doch sehr aktuell wirkt.

Die Interaktion zwischen Fajga und ihren Zuhörer_innen und Gastgeber_innen wirkt zeitlos und ist auch heute sehr gut so vorstellbar, wodurch eine Verbindung der Vergangenheit mit der Gegenwart gelingt, die zur Aktualisierung des Zeugnisses, also zu seiner Erinnerung beiträgt. Außerdem erzeugen die Zeitsprünge der Erzählung eine Dynamik und Lebendigkeit des Textes, die das Thema des Holocaust als nicht abgeschlossen oder statisch vermitteln, sondern seine Dialogizität betonen.

Diese Kommunikation findet in der Erzählung zwischen den narrativen Adressat_innen der intradiegetischen Erzählung, also den Juden und Jüdinnen des amerikanischen Städtchens Azojville und Fajgas Erzählung statt, welche mit ganz unterschiedlichen Gefühlen aufgenommen wird, wodurch ein weites Spektrum vertreten ist, das heute so auch in Europa vorzufinden ist und im Folgenden in seinen Grundzügen beschrieben werden soll.

Das erste Mal nicht aus der Perspektive einer der narrativen Instanzen wird fokalisiert, als Fajga im Mai 1950 vom Flughafen in New York abgeholt wird und von ihrem amerikanischen Gegenüber in Stereotypen wahrgenommen wird: „Ściskał rękę Fajgi i patrzył, urzeczony młodością krewnej z krajny Nigdzie i prawidłowością aszkenazyjskiej fizjognomii; istna plansza z almanachu z legendą: „Żydówka z Europy Wschodniej“.“ [„Er drückte Fajgas Hand und betrachtete sie, verzaubert von der Jugend dieser Verwandten aus dem „Land ohne Ort“ und ihrer typischen aschkenasischen Physiognomie: eine naturgetreue Abbildung aus einem Almanach mit der Aufschrift: „Osteuropäische Jüdin“.“][168] Andersherum wird auch Fajgas Perspektive zu einer stereotypen Darstellung Amerikas genutzt, wenn Fajga am Flughafen z.B. von allen nur lächelnd empfangen wird. Die stereotypen Darstellungen wirken in ihrer Verdichtung und Überzogenheit provokant und dienen ihrer Diskursivierung.

Von der fiktiven jüdischen Gemeinde in Azojville, deren Namen wie Krynitzer, Kupfermann oder Hazenlauf auf die gemeinsamen Wurzeln in Europa hinweisen, wird Fajga als „ihr Kind“ willkommen geheißen: „Około czterdziestu Żydówek i Żydów amerykańskich rodem z Europy Wschodniej wita dziecko jednego ze szczepów monarchii naddunajskiej [...]“ [Ungefähr vierzig amerikanische Jüdinnen und Juden osteuropäischer Herkunft heißen das Kind eines der Stämme der Donau-Monarchie willkommen“][169], wobei der Bezug zur jüdischen Gemeinschaft und zur gemeinsamen europäischen Verwurzelung hergestellt und die amerikanisch-jüdische Erfahrungsdifferenz des II. Weltkrieges überbrückt werden soll. Die Unterstützung der amerikanischen Juden, in ihrer Spezifik ausgedrückt in den Worten:„My przy tobie Faj...Fajgełe.“ [„Wir sind mit dir Faj...Fajgele“][170], beruht auf einem Verständnis des Holocaust als einem Teil der eigenen Geschichte und ist doch auch vom amerikanischen Einfluss des Wohlstands geprägt, an dem ein Großteil der Juden Amerikas durch seine erfolgreiche Integration teilhatte.

Die Beziehung zwischen polnischem und amerikanischem Judentum ist ein roter Faden der Begegnung in Azojville, die von der Spannung zwischen Vertrautem und Entfremdetem eingefärbt ist. Das Berufen auf die gemeinsamen europäischen Wurzeln hat auch einen allgemeingültigen jüdischen Wert abseits der Katastrophe der Shoah, da für die jüdische Religion durch ihr Schicksal seit je

[168] Pankowski, Marian, „Nie ma Żydówki“, S.185/[184]
[169] Pankowski, Marian, „Nie ma Żydówki“, S.187/[186]
[170] Pankowski, Marian, „Nie ma Żydówki“, S.195/[198]

her von einem besonderen Geschichtsbewusstsein und durch die Erfahrungen der Diaspora von einem Gemeinschaftsbewusstsein auszugehen ist.[171]

Jedoch kann man direkt in der Erzählung nur wenig Gemeinsames oder Vertrautes zwischen Fajga und den amerikanischen Juden und Jüdinnen finden, deren Aufeinandertreffen vor allem von Unterschieden, unangenehmen Unsicherheiten und Entfremdung bestimmt ist. Die wenigen Momente der Nähe entstehen im Zusammenhang mit Frauenfiguren, wie bei Fajgas Ankunft mit ihrer Gastgeberin, Sarah Krynitzer, den gemeinsamen Familientraditionen „I obie parskną śmiechem kobiet, którym wróciła wspólna dziecinność, obrazek z rodzinnego, [...]" [„Beide Frauen begannen zu lachen, ein Lachen, das ihre gemeinsame Kindheit wieder auftauchen ließ, wie ein Bild aus der so oft durchblätterten Fibel."][172] und in unbewusst erhaltenen Gemeinsamkeiten wie einem osteuropäischen Gestikulieren, „Gestykulacja wschodnioeuropejska"[173].

Diese Elemente, die dem Bereich des Unbewussten zuzuordnen sind, stehen in starkem Kontrast zur grundsätzlichen Distanz des amerikanischen Judentums, das sich materialistischer Gesten bedient, wenn Fajga zum Beispiel eine neue, modernere Uhr angeboten wird, womit dem amerikanischen Optimismus der Nachkriegsjahre in seiner Unbeschwertheit Ausdruck verliehen wird. Das Wirtschaftswachstum ließ im Amerika der 50er Jahre eine Konsumgesellschaft entstehen, in der eine zukunftsorientierte Atmosphäre vorherrschte[174] und die Selbst-Inszenierung des unbeteiligten Amerikas als Retter und Missionar des Fortschritts kann auch die jüdische Gemeinde in Azojville beeinflusst haben, wie in folgendem Abschnitt zu sehen ist: „Chociaż zajęci spoyżwaniem darów morza i ziemi, biesiadniczy wczytywali się w oczy Fajgi, żeby zmierzyć stopień jej błogostanu, że może przeżywać taki dzień, z dala od europejskiej żywności na kartki." [„Während die Gäste all diese Gaben der Erde und des Meeres verzehrten, versuchten sie, in Fajgas Augen den Grad des Wohlbefindens darüber

[171] Vgl. Münz, Christoph, „Der Holocaust, das Judentum und die Erinnerung. Anmerkungen zu innerjüdischen Deutungen des Holocaust und der Zentralität des Gedächtnisses im Judentum" in: http://www.nostra-aetate.uni-bonn.de/erinnerung-als-theologische-basiskategorie/der-holocaust-das-judentum-und-die-erinnerung/der-holocaust-das-judentum-und-die-erinnerung, zuletzt eingesehen: 22.07.2013, 15:07

[172] Pankowski, Marian, „Nie ma Żydówki", S.185/[186]

[173] Pankowski, Marian, „Nie ma Żydówki" S.195/[196]

[174] Vgl. Levy/Sznaider, „Erinnerung im globalen Zeitalter: Der Holocaust", S.106

abzulesen, dass sie solch einen Tag, weit weg von den Lebensmittelkarten in Europa, erleben durfte."][175]

Fajga wird als Gast aus dem Land von Gut und Böse empfangen:

> „Zaszczyca je obecność Gościa z dalekich stron... z Krainy Złego i Dobrego...[...]Witam cudem uratowaną pannę Fajgę Oberlender, corkę nieżyjącej niestety rodziny szanowanych kupców bławatnych w miasteczku N.."
>
> [„ Eine Zusammenkunft, die durch die Anwesenheit eines Gastes von weit her ... aus dem Land von Gut und Böse...[...] Ich heiße herzlich die wie durch ein Wunder überlebende Fajga Oberlender willkommen, Tochter einer Familie achtbarer Seidengroßhändler aus dem Städtchen N., die unglücklicherweise ausgelöscht wurde."][176],

wobei die Mystifizierung Polens und die Darstellung des Überlebens als Wunder deutlich macht, wie fern die Geschehnisse Europas der amerikanischen Öffentlichkeit waren und wie sehr sich das Bild vom alten zerstörten Europa im Gegensatz zum jungen, starken Amerika auch auf die jüdische Bevölkerung Amerikas übertrug.

> „Obwohl sie sich dem Schicksal der europäischen Juden bewusst waren und erheblich zur Hilfe für die Überlebenden beitrugen, waren sie (vielleicht gerade deshalb) darum bemüht, sich von der Opferrolle zu distanzieren. Denn sie symbolisierte die „Alte Welt", welche die amerikanischen Juden mit ihrer zunehmenden Integration in die „Neue Welt" hinter sich lassen wollten."[177]

Die Vorstellungen von Europa und dem Holocaust scheinen in der amerikanischen Realität entrückt, fast märchenhaft, was sich auch in den ahnungslosen, unpassenden Fragen der amerikanischen Juden äußert: „What is a *„szopa"*?"[178] oder „[...] gdzie pani obecnie mieszka i z czego pani żyje." [„wo Sie heute wohnen und wovon Sie leben."][179] Diese Diskrepanz zeigt sich zugespitzt darin, dass die jüdische Gemeinde Fajgas Überleben kaum einzuordnen weiß und der sie

---

[175] Pankowski, Marian, „Nie ma Żydówki", S.207/[208]
[176] Pankowski, Marian, „Nie ma Żydówki", S.187/[188]
[177] Levy, Daniel/Sznaider, Natan, „Erinnerung im globalen Zeitalter: Der Holocaust", S.107
[178] Pankowski, Marian, „Nie ma Żydówki", S.189/[190]
[179] Pankowski, Marian, „Nie ma Żydówki", S.187/[188]

rettende Stoß ihrer Mutter schließlich erst vom Rabbi[180] entschlüsselt werden kann.

Das Motiv von Fajgas Mutter, welche von den amerikanischen Zuhörern als „zwyrodniała matka!“ [„degenerierte Mutter“][181] bezeichnet wird, ist für die Anwesenden nicht verständlich und nur der Rabbi, als der Vertreter der jüdischen Geistlichkeit und Wahrer der Tradition, kann es lösen. Das Unwissen der amerikanischen Juden beruht auf einer Erfahrungsdifferenz, die in ihrer Überspitzung in der detektivischen Frage Kupfermans gipfelt: „Jak sobie załatwiłaś... bilet na przeżycie?“ [„Wie hast du dir deine Fahrkarte zum Überleben verschafft...?“][182] und den Zuhörenden Empathie erschwert. Das Entsetzen darüber, dass Fajga sich bei ihren Rettern nie bedankte, schlägt in ein Urteil nach amerikanischen Maßstäben, einer gewissen Erwartungshaltung an die Überlebenden, am Ende sogar in den Vorwurf der Lüge um. Die Figuren der jüdischen Gemeinde in Azojville kritisieren die Stimmigkeit von Fajgas Geschichte und bewirken damit, dass die Skepsis an der Authentizität, die sich beim narrativen Adressaten der Rahmenerzählung bereits eingestellt hat, im Text auch ausgesprochen wird.

Die Universalisierung der Erinnerung, wie sie schon in Bezug auf den Epilog angeschnitten wurde und von Daniel Levy und Natan Sznaider als für den amerikanischen Diskurs typisch eingeschätzt wird,[183] findet sich im Text umgesetzt im Erzählen der Figur des Autors, der das direkte Zeugnis Fajgas ablöst und ihr Überleben somit aus zweiter Hand wie ein Abenteuermärchen erzählt und damit ein oberflächlicheres, bekömmlicheres – Fajga als mutige Heldin, die Kinder als Indianer darstellendes – Zeugnis entwirft. In diesem stellvertretenden Zeugnis wird die Universalisierung auch erzählerisch umgesetzt, wenn der Sohn von

---

[180] Die Rolle des Rabbiners sticht neben wenigen anderen Figuren aus dem Diskurs hervor, kann hier leider nicht weiter erörtert werden, weshalb ich zumindest auf die aktive jüdische theologische Auseinandersetzung hinweisen möchte, die vor allem in den USA der 60er Jahre eine große Rolle spielte, siehe hierzu Münz, Christoph, „Der Holocaust, das Judentum und die Erinnerung“

[181] Pankowski, Marian, „Nie ma Żydówki“, S.195/[196]

[182] Pankowski, Marian, „Nie ma Żydówki“, S.193/[194]

[183] Als Beispiel wird die amerikanische Verbreitung und Inszenierung des Tagebuchs der Anne Frank genannt, Vgl. Levy, Daniel/ Sznaider, Natan, „Erinnerungen im globalen Zeitalter: Der Holocaust“, S.70ff

Fajgas Freundin Barbara seiner Mutter im Text plötzlich nicht mehr als „Marek" bezeichnet, sondern ihr als „Jemand" gegenübersteht[184], wird damit eine ganz konkrete Situation verallgemeinert und an die Stelle des konkreten Namens ein universeller Platzhalter gerückt.

---

[184] Dies geschieht im Abschnitt, den die Figur des Autors wie eine Abenteuergeschichte erzählt, siehe Pankowski, Marian, „Nie ma Żydówki", S.217/[220]

E. Zur Polyphonie der literarischen Stimmen im kommunikativen Zusammenspiel

Durch die narrative Gleichzeitigkeit von zwei unterschiedlichen Narrativen, dem des direkten und dem des indirekten Zeugnisses, und deren Verknüpfung mit zwei unterschiedlichen Diskursen entsteht zwischen den Narrativen eine Beziehung, die in ihrer Wirkung auf die Lesenden besonders ist. Die Stimmen der einzelnen Narrative treten in eine polyphone Kommunikation mit dem Leser und regen durch ihre Koexistenz sowie Interferenz oder Divergenz zur Reflexion an, die eine enorme Tiefe und ein außergewöhnlich weites Spektrum erreicht. Stand in den letzten Kapiteln mehr die Gestaltung der Narration im Mittelpunkt, sollen in diesem letzten Kapitel meiner Arbeit die Phänomenologie der Narration, sowie ihre Motive (sofern sie vom Text ableitbar sind) thematisiert werden.

E.1.1. Zur Koexistenz und Interferenz der Stimmen

Die an den Grenzen der narrativen Ebenen oszillierenden Stimmen[185] scheinen mir die Umsetzung der Kategorie Stimme, wie Genette sie systematisch anlegt, zu sein. Die Stimme als narrative Instanz, die vor allem in Bezug auf ihre Erzählung betrachtet wird, also auf ihr Verhältnis zum Erzählten, steht mit ihrem Kontext in Verbindung und klingt im Text – eigentlich im Lesen. Gelesen wird der Text nicht nur von einem empirischen Leser, sondern auch im Schreiben vom empirischen Verfasser, weshalb in beiden Kommunikationsprozessen, der Produktion sowie der Rezeption, die Wirkung der Stimme nicht unterschätzt werden sollte.[186]

---

185 Spreche ich von „Stimme", so ist die narrative Instanz nach Genette gemeint, deren Metaphorizität mir geeignet scheint, um das Spannungsfeld zwischen Autor_in, Erzähler_in und Leser_in abzustecken, wobei ich die narrative Stimme, Genette ergänzend, als rhetorische Strategie verstanden wissen möchte.

186 Blödorn, Andreas/Langer, Daniela/Scheffel, Michael: „Die [...] Referenz auf eine [...] Sprechinstanz macht den Text als Teil eines kommunikativen Vermittlungsaktes lesbar, dessen Stimme(n) personal konkretisiert werden können – aber nicht müssen." in „Stimmen - *im Text?*", S.6/7

In *Nie ma Żydówki* sind die Stimmen der Erzählung zwar formal unterschiedlichen Zeiten und Orten zuzuordnen, treten jedoch durch die fiktive Überlappung zeitlicher Ereignisse, bzw. die Gleichzeitigkeit von narrativen Ebenen, die rein logisch unmöglich ist, in eine besondere Polyphonie. Diese Gleichzeitigkeit wird durch Zeitsprünge realisiert, die sich an der Narration und nicht an der Chronologie der Ereignisse orientieren, was z.B. zum Ausdruck kommt, wenn von der Erzählung über die Vorbereitung des Streichs der Kinder in den nächsten Abschnitt mit „Wróćmy do domu państwa Hazenlaufów w Azojville." [„Zurück zum Haus der Hazenlaufs in Azojville."][187] übergeleitet wird, als wäre die Erzählung vor dem Ereignis da gewesen. Dadurch entsteht nicht nur Dynamik in der Narration, sondern auch eine Betonung der Rolle der narrativen Instanz und der Fiktion jeglicher Erzählung.

Durch die fiktiv erzeugte Mehrstimmigkeit wird auch deshalb eine weitreichende Wirkung erzeugt, da fiktionale Literatur mit dem rhetorischen Angebot spielt, dem Text im Moment seiner Aktualisierung Stimmen zu verleihen.[188] In diesem Sinne rückt die Geschichte in den Hintergrund und das Erzählen, die Narration selbst ins Augenmerk. Was der Erzähler der extradiegetischen Ebene reflektiert und offen darstellt, wird auf der intradiegetischen Ebene auch behandelt, wo die Reflexion der Darstellung durch die Figuren im Dialog mit Fajga thematisiert wird. Die Skepsis des Lesenden, verursacht durch die vom Erzähler evident fiktiv präsentierte Erzählung, wird auch in der Binnenerzählung von den Figuren aufgenommen, die der Erzählung Fajgas kritisch folgen und ihren Wahrheitsgehalt oder Sinn anzweifeln: „Byłbym wszystko wziął za dobrą monetę, gdyby nie ta scena z nieszczęsną chałą!" [„Ich wäre bereit, das alles für bare Münze zu nehmen, wäre da nicht diese unglückliche Szene mit dieser Challah!"][189] und sogar ausdrücken, was die Erfahrungsdifferenz bedeutet: „Może dla ciebie to jasne, bo tam byłaś, ale my... a w każdym razie ja... chciałbym poznać szczegóły [...]" [„Vielleicht ist das klar für dich, weil du dabei warst, aber wir … zumindest ich … ich hätte gerne die Einzelheiten [...]"][190].

---

[187] Pankowski, Marian, „Nie ma Żydówki", S.213/[214]

[188] Vgl. Blödorn Andreas/Langer, Daniela/Scheffel, Michael, „Stimmen - *im Text*?", S.7

[189] Pankowski, Marian, „Nie ma Żydówki", S.221/[224]

[190] Pankowski, Marian, „Nie ma Żydówki", S.221/[226]

Die ständige Frage nach der Wahrheit, im Spannungsfeld mit einer offensichtlichen Fiktionalisierung der Narration, steigert die literarische Kommunikation. In dieser ist Fiktivität ein Aspekt der Kommunikation[191] und die Leser_innen gefordert, sich mit dem Text auseinanderzusetzen, emotional wie mental. Die offensichtlich fiktionale Gestaltung des Textes garantiert im Rahmen der ‚Holocaust-Literatur' nicht nur das Wahren der Grenze der Pseudo-Identifikation[192], sondern ermöglicht auch erzähltechnisch Polyphonie und den Bezug zu verschiedenen außertextuellen Diskursen. Die den Lesenden irritierenden Einschübe, wie z.B. die von antisemitischen Stereotypen gefärbten Abschnitte und die logisch unmögliche Gestaltung der Figur des Autors, der Fajga einerseits in Amerika begleitet, wo er ihre Geschichte weitererzählt (also als Figur der Binnenerzählung auftritt), gleichzeitig aber mehr weiß, als Fajga ihm hätte erzählen können und damit suggeriert wird, er wäre entweder allwissend oder sogar damals in Barbaras Haus anwesend gewesen, provozieren den Lesenden geradezu zur Kommunikation mit dem Text.

Der Epilog, der wie eine Erklärung des Erzählers klingt, die auf den ersten Blick nicht unbedingt mit der erzählten Geschichte zusammenhängt, sondern auf etwas verweist, was nicht erzählt wurde, aber möglicherweise zwischen den Zeilen stand, setzt auf die Wirkung der Stimme und lässt den Leser sich angesprochen fühlen. Gleichzeitig bekommt man den Eindruck, der Erzähler spreche zu allen, zu Fajga, zu den Figuren seiner Erzählung, zu sich selbst, zu seinen möglichen Lesern und Leserinnen.

Dieser Eindruck, der jeglichen Dialog zwischen dem Erzähler und allen Beteiligten möglich sieht, also die Grenzen der Welten einreisst und uns hypothetisch auch zu Figuren einer Erzählung macht,[193] verlangt die Auseinandersetzung nicht nur mit der Stimme des Senders, sondern auch mit dem narrativen

---

[191] Siehe hierzu Kapitel B.1.4. *Fiktivität versus Faktizität in der literarischen Kommunikation*

[192] Gemeint ist hier das Vermeiden einer Über-Identifikation mit den Opfern, welches für das intellektuelle Zeugnis maßgebend ist. Vgl. Bode-Jarsumbeck, Daniela, „Die literarischen Reportagen Hanna Kralls", S.141

[193] „[...] wonach das extradiegetische vielleicht immer schon diegetisch ist und der Erzähler und seine narrativen Adressaten, d.h. Sie und ich, vielleicht auch noch zu irgendeiner Erzählung gehören." Genette, Gérard, „Stimme", S.239/240

Adressaten. Wobei hier das dialektische Prinzip[194] nicht außer Acht gelassen werden und von einer sowohl innersubjektiven als auch intersubjektiven Dialektik ausgegangen werden sollte, welche aus Sicht der Kommunikationstheorie besagt, dass auch der Autor beim Schreiben zugleich als Leser und umgekehrt der Leser bei der Lektüre als Co-Autor funktioniert[195], was schon im Zusammenhang mit der Trauerarbeit anklang.[196]

E.1.2. Die Leserin und der Leser als Co-Autor_innen

Der narrative Adressat, wie er in *Nie ma Żydówki* funktioniert, ist eine zur Kommunikation angelegte Textstrategie, die von der Erzähltheorie Genettes zwar beachtet, aber nicht in ihrer Reichweite abgeschätzt wird, da im Sinne der klassischen Narratologie der Rhetorik eine wichtige Rolle beigemessen wird, und an den sprechenden Erzähler glaubend, die narrative Instanz und ihre kommunikativen Funktionen im Mittelpunkt stehen. Ein in diesem Sinne sprechender Erzähler, der wie im modernen Roman dominiert, mit sich monologisiert, ringt, ist in *Nie ma Żydówki* anzutreffen,[197] wo der extradiegetische Erzähler diesem Verständnis von Stimme Ausdruck verleiht und gleichzeitig in seiner Metaphorik zum Dialogpartner der Lesenden wird und diese, wie bereits besprochen, auch mit einbindet, wie es z.B. der Fall ist, wenn der Erzähler die Leser_innen in der Wir-Form mit einschließt: „Przytoczone tu opowiedzi powierzył nam docent jednej ze znanych uczelni [...]" [„Die hier zitierten Antworten hat uns der Dozent einer angesehenen westeuropäischen Universität [...] anvertraut."][198] Vertrauen baut er zusätzlich auf, wenn er den Lesenden an seinen Gedanken der Werkdiegese und der sehr persönlichen Wahl des Namens für die Heldin teilhaben lässt, was diesen wiederum zu einer Co-Produktion motiviert.

---

194 Das dialektische Prinzip der Sprache wurde von Michail Bachtin erforscht und geprägt, Vgl. Kasics, Kaspar, „Literatur und Fiktion", S.32f

195 Vgl. Kasics, Kaspar, „Literatur und Fiktion", S.25

196 Siehe C.1. *Der Erzähler als Holocaust-Überlebender*

197 Vgl. Jongeneel, Els, „Silencing the voice in narratology? A synopsis" in: „Stimme(n) im Text", Berlin/New York, 2006, S.12f

198 Pankowski, Marian, „Nie ma Żydówki" , S.201/[202]

Der Leser als Co-Produzent des Textes wird in der Postmoderne als Kritik und Ergänzung des auf die Sprechinstanz konzentrierten, die Position des Autors betonenden Ansatzes fokussiert.[199] Der Wechsel in der Erzähltheorie vom Autor zum Leser markiert dabei einen wichtigen Wandel in der Diskussion über die Stimme, wobei die Orientierung zum Leser hin mit der Hinwendung zur Pragmatik einhergeht und die Hermeneutik des Lesens ins Zentrum des Interesses rückt.[200]

Wenn die Stimme des Textes nicht als feste Quelle der Bedeutung verstanden wird, sondern als dialogisches Konzept, dann entsteht jeder Text erst im Dialog und Bedeutung entwickelt sich auch erst dann, wenn Horizonte verschmelzen, wenn dialogisiert wird, wenn im Lesen als Prozess des Hörens die Stimme spricht,[201] was wiederum im übertragenen Sinne Lotmans These bestärkt, dass Bedeutung erst entsteht, wo zumindest zwei verschiedene Ketten von Struktur vorhanden sind.[202]

In *Nie ma Żydówki* wird dieser mögliche Dialog mit der Leserin und dem Leser indirekt schon im Text ausgesprochen, wenn die Figuren der Erzählung über ihre narrative Ebene hinaus sich subtil einmischen in den extradiegetischen Diskurs. Abschließend kann festgehalten werden, dass die Fiktionalisierung eine Diskursivierung der Thematik erwirkt, eine weitere für den Lesenden als Einbeziehung empfundene Textstrategie. Diese Textstrategien, die den Leser und die Leserin zwingend und bewusst zu Co-Autor_innen machen, sollen im Folgenden in ihren Funktionen aufgeschlüsselt werden.

---

199 Die Postmodernisten und -strukturalisten erklärten den Autor für tot (Roland Barthes), verstanden Schreiben als Dekonstruktion von Stimme, Ursprung, Subjekt und Identität und rückten den Lesenden in den Fokus.

200 Vgl. Jongeneel, Els, „Silencing the voice in narratology? A synopsis“: „rehabilitation of the reader, consisted of a renewed interest into the ambiguity and openness of the literary text in relation to the hermeneutics of reading.“, S.14

201 Siehe hierzu die Arbeiten von Hans-Georg Gadamer und Michail Bachtin. Vgl. Jongeneel, Els, „Silencing the voice in narratology? A synopsis“ S.21f

202 Vgl. Lotman, Jurij, „Die Struktur literarischer Texte“, S.60

E.2. Interaktive Mechanismen

Unter interaktiven Mechanismen sollen die Motive der Textstrategien verstanden werden, die zur Kommunikation, das heißt zur Auseinandersetzung mit dem Text beitragen. Diese Auseinandersetzung lässt sich nach dem dialektischen Prinzip nicht nur intersubjektiv, sondern auch innersubjektiv auf allen Ebenen der Narration untersuchen, wobei hier der Schwerpunkt auf der textinternen Kommunikation liegt, da diese sich zur literarischen Untersuchung im Umfang dieser Arbeit eignet. Im Folgenden soll nun auf die narrativen Instanzen und deren Phänomenologie eingegangen werden, um dann auf einige im Text explizit angesprochene Motive der Sprechakthandlung einzugehen.

E.2.1. Das Spiel mit den Lesenden

Unter dem Spiel mit den Lesenden verstehe ich narrative Figuren bzw. Strategien, die in ihrer Wirkung für den Lesenden relevant sind und diesen einbeziehen in die Geschichte und damit zur Kommunikation animieren. Ein klassisches Beispiel, von Genette als narrative Metalepse beschrieben, ist die Textstrategie der ihre narrativen Grenzen überschreitenden Figuren. „All diese Spiele bezeugen durch die Intensität ihrer Wirkung die Bedeutung der Grenze, die sie mit allen Mitteln und selbst um den Preis der Unglaubwürdigkeit überschreiten möchten, [...]“[203]. Hier wird bestätigt, dass auch in fiktionalen Texten die Logik der *Realität* greift und Figuren, die als authentische Charaktere angelegt sind, nicht ohne zu irritieren über die Grenzen der realistischen Welt der Figuren gehen können.

So suggeriert in *Nie ma Żydówki* die vom extradiegetischen Autor eingeführte Figur des Autors, dass sie eine Figur der intradiegetischen Welt sei. Die Figur nimmt aber immer mehr die Züge des extradiegetischen Erzählers an, geht in ihn über und überschreitet dadurch die Grenzen der Narration, was die Skepsis der Lesenden gegenüber dem Wahrheitsgehalt des Erzählten herausfordert. Es kann hier nicht vom Bruch eines ‚Paktes mit dem Leser‘ die Rede sein, wie er in sogenannter dokumentarischer Literatur vorkommt, in der die Figuren als empiri-

[203] Genette, Gérard, „Stimme“, S.239

sche Personen verstanden werden,[204] dennoch schwingt auch beim intellektuellen Zeugnis der ‚Holocaust-Literatur' eine gewisse Erwartungshaltung der Lesenden mit und Grenzen für die Wirksamkeit der Fiktionalität werden abgesteckt. Diese spezifischen Grenzen wurden bereits erwähnt, sollen hier aber nicht darüber hinaus beschrieben werden, vielmehr möchte ich auf den wesentlichen Einfluss, den diese auf die Rezeption des Textes haben, hinweisen.

Dieser Einfluss zeigt sich z.B. darin, dass Fajgas Erzählung, obwohl sie vom ‚Autor-Erzähler' als fiktive Figur eingeführt wird, authentischer wirkt als dieser selbst und nur die Kommentare des ‚Autor-Erzählers' die Konstruktion ihrer Geschichte zurück ins Gedächtnis rufen. Dieses Springen oder Verwischen der Grenzen zwischen Fiktion und Wirklichkeit behandelt auch auf narrativer Ebene die Konstruktion von Geschichte und schöpft die Möglichkeiten der Fiktion aus, denn

> „Die Selbstreferentialität des literarischen Textes als Gedächtnis beruht keinesfalls darauf, dass der literarische Text keinen oder nicht ausreichenden Bezug zur historischen Wirklichkeit hat. […] Doch der Augenblick ihrer Bezugnahme ist auch die Gelegenheit, bei der diese Geschichte zum literarischen Faktum wird und – vorerst nur in dieser Ordnung existiert, um wie eine Art ›Simulakrum‹ zu funktionieren."[205]

Diese Eigenschaft zeichnet den Text in seiner Offenheit gegenüber dem Konsensanspruch des kulturellen Gedächtnisses aus, was in *Nie ma Żydówki* Teil des Spiels ist, die Lesenden in Bezug auf das Gedächtnis zu sensibilisieren, was im Text z.B. in einer kurzen Dialogszene über den Diebstahl von Fajgas bei sich geführten Notgroschen narrativiert wird: „Pewnie banda Polaków grasujących wokół dworców, gdzie Niemcy pakowali Zydów do wagonów? - Nie... pod Niemcem nie było band. To było na pewno ten sympatyczny młody Polak, [...]" [„Sicher eine der polnischen Banden, die an den Bahnhöfen herumlungerten, wo die Deutschen die Juden in Waggons verluden." - „Nein … unter deutscher Besatzung gab es keine Banden. Es muss dieser sympathische junge Pole gewesen sein [...]"][206]. Damit wird die Divergenz zwischen der Erfahrung des Individuums und dem Wissen der Gesellschaft angesprochen.

---

[204] Hier beziehe ich mich auf den ‚autobiographischen Pakt', wie ihn Philippe Lejeune definiert.

[205] Breysach, Barbara, „Schauplatz und Gedächtnisraum Polen", S.39

[206] Pankowski, Marian, „Nie ma Żydówki", S.191/[192]

Hinterfragbar und die Lesenden irritierend sind die Passagen, in denen antisemitische Aussagen unklar in ihrer Position zur narrativen Instanz vorkommen. Der polarisierende Ton, eine Stigmatisierung der Juden als Fremde („Zresztą Żydzi i tak nie mogą się stać naszymi bliźnimi, choćby dlatego, że nie ma nikogo, [...] komu mogliby położyć ciepłą rękę na ramieniu [...] A może oni wcale nie szukają naszej ręki? [„Außerdem können die Juden aus dem einfachen Grund nicht unsere Nächsten werden, weil es niemanden gibt, [...] um dessen Schulter sie gütig den Arm legen und dem sie aufrichtig die Hand drücken könnten."][207]) und die offen antisemitische Lehre des Entomologen über „die Juden" als Ungeziefer stehen im Kontrast zur Erzählung und zwingen durch diese Kontrastierung zur Reflexion.

Wichtig ist hier wie insgesamt in *Nie ma Żydówki* auch die subtile Mehrdeutigkeit der Zeichen, die, für den Diskurs relevant, im Text reflektiert wird. So kommt dem bereits erwähnten Schuppen in *Nie ma Żydówki* besondere Aufmerksamkeit zu: Der Erzähler sinniert und meint, dass es schwer sei, ein ästhetisches, klares Bild vom Schuppen zu zeichnen, denn der Schuppen ließe sich nicht eindeutig beschreiben. Daraus könnte man lesen, dass der Schuppen für verschiedene Menschen zu verschiedenen Zeiten etwas anderes bedeutet – für die Bauern war er Aufbewahrungsraum und Ort der Hilfeleistung und lebensgefährlichen Solidarität für eine jüdische Bekannte, für Fajga ein Versteck und Ort des Überlebens. Doch selbst für Fajga hat der Schuppen keine stabile Bedeutung. So wird er vom Versteck, zum Raum für Tagträume und nachdem sie entdeckt wurde, zum bloßen Loch.

Mit diesem reflektierenden Blick spricht der Text direkt auf die bereits besprochene Mehrdeutigkeit des Zeichens an, die auch im Holocaust-Diskurs zum Tragen kommt. Betrachtet man z.B. das Wort Auschwitz, welches mittlerweile zu einem Kürzel für den Holocaust geworden ist, muss Aleida Assmanns Feststellung zu diesem Ort zugestimmt werden, denn „so gegenständlich konkret er ist, so vielfältig präsentiert er sich in den unterschiedlichen Perspektivierungen."[208] Die Perspektiven und Erinnerungen derer, die Auschwitz heute besuchen, müssen als komplex und äußerst heterogen betrachtet

---

[207] Pankowski, Marian, „Nie ma Żydówki", S.199/[200]

[208] Assmann, Aleida, „Die Legitimität der Fiktion: ein Beitrag zur Geschichte der literarischen Kommunikation", S.330

werden (zum Teil auch als unvereinbar miteinander), und so kommt Aleida Assmann zu dem Schluss, dass kein Medium die Aura des Ortes wiedergeben kann. Und ein neues Paradoxon taucht auf: „Die Konservierung dieser Orte im Interesse der Authentizität bedeutet unweigerlich einen Verlust an Authentizität,“[209] worauf hier nicht weiter eingegangen werden kann, ich aber auf die Forschung zur Topologie und zu den traumatischen Orten in den bereits genannten Arbeiten von Barbara Breysach und Aleida Assmann verweisen möchte.

Ein weiteres narratives Mittel, das die Interaktion beeinflusst, ist die Fokalisierung im Text. So berührt das Wechselspiel von Nähe und Distanz nicht nur die Frage der Fiktionalität, sondern beeinflusst auch das Verhältnis des Lesenden zur Erzählung. Wie bereits besprochen, hebt die narrative Instanz der extradiegetischen Ebene die narrativen Adressat_innen bewusst auf ihre Augenhöhe und lässt den Lesenden mehr wissen, als die Figuren ihrer Erzählung wissen können, um Vertrauen aufzubauen und auf außertextuelle Bezüge bzw. Bezüge, die nicht in der Erzählung der intradiegetischen Ebene hergestellt werden können, hinzuweisen.

E.2.2. Mechanismen der Bewältigung

Die Verbindung zu außertextuellen Bezügen scheint ein Hauptanliegen der Narration, was Michał Bandura sich wie folgt erklärt: „the narrator creates a fictional story and gives life to a heroine in order to show something that is not fictional, but for various reasons is especially difficult to grasp.“[210] Dieser Einschätzung möchte ich beipflichten und versuchen, vereinzelte Gründe im Text auszumachen. Am augenscheinlichsten ist bei dieser Suche die Problematik des Ausdrucks, der Darstellung, mit der ich deshalb auch beginnen möchte.

Von beiden Erzählern wird diese Problematik im Text explizit angesprochen und bestätigt, wie schwer das Sprechen über das Erlebte fällt. Vor allem auf Seiten des extradiegetischen Erzählers kann man dies auch graphisch feststellen, wo mit viel Pausen, dargestellt mit: „...“, gearbeitet wird und es ebenso heißt: „Niełatwo zaczynać Słowo [...]“ [„Es ist nicht leicht, Hymnen zu finden [...]“][211]

---

[209] Assmann, Aleida, „Die Legitimität der Fiktion: ein Beitrag zur Geschichte der literarischen Kommunikation“, S.333

[210] Bandura, Michał, „Representation in Pankowski's prose works“, S.613

[211] Pankowski, Marian, „Nie ma Żydówki“, S.177/[176]

oder „ […] ruszyć w stronę Historii niełatwej, pomimo że wczorajsza i tak mi bliska.“ [„[...] dem Weg dieser Geschichte zu folgen, die, obwohl gestern geschehen, nicht gerade leicht ist und mir sehr nahe geht.“][212] Auch Fajga bringt diese Schwierigkeit zum Ausdruck, wenn sie ihr Erzählen abgibt: „Ciąg dalszy niech sam autor opowie... ja bym nie potrafiła.“ [„Die Fortsetzung soll der Autor selbst erzählen … ich könnte es nicht.“][213]

Durch diese Worte sowie die graphische Unterstützung durch in Punkte umgesetzte Pausen[214] wird das Dilemma der Holocaust-Überlebenden, die ihre traumatischen Erfahrungen des Krieges und der Shoah zu verarbeiten versuchen, deutlich. Ihre Notlage ist gekennzeichnet von dem Kampf, die Erfahrungen der Vergangenheit mit der Gegenwart in Einklang bringen zu wollen, was die Verarbeitung der Traumata von vehementen Beschwernissen belastet und oftmals unmöglich macht.[215] Zusätzlich kommt hier das ‚Survivor's Syndrome‘ ins Spiel, welches impliziert, dass die Überlebenden mit ihrem Schicksal überlebt zu haben hadern und sie gegenüber ihren ermordeten Familienangehörigen Schuldgefühle plagen,[216] oder, wie es sich im Text mit den Worten„[...] nade mną, żywym błaznem w granatowe pasy, z numerem na miejscu ich gwiazdy.“ [„ und über mir […], dem am Leben gebliebenen Narren in blau gestreiftem Anzug, mit einer Nummer an der Stelle ihrer Sterne.“][217] äußert, explizit gegenüber den ermordeten Juden und Jüdinnen. Und auch das Merkmal des Traumas, wonach die Traumatisierten gegen den eigenen Willen „mit den in der Vergangenheit durchlebten Emotionen und Erinnerungen konfrontiert“[218] werden, wird angedeutet: „Fajga, jakby już opanowała tumult przykrych skojarzeń, [...]“ [„Es sieht so aus, als hätte Fajga endlich den Ansturm der unangenehmen Gedanken im Griff.“][219] Der Versuch, diese Erinnerungen in den Griff zu bekommen und sich nicht von ihnen einnehmen zu lassen, bedeutet ein Abgeben der Erzählung

---

212 Pankowski, Marian, „Nie ma Żydówki“, S.181/[180]
213 Pankowski, Marian, „Nie ma Żydówki“, S.213/[216]
214 Diese Pausen können im übertragenen Sinne auch dem Schweigen Platz geben, das auf den Holocaust als singuläre Katastrophe und als absolute Zäsur reagierte. Vgl. Breysach, Barbara, „Schauplatz und Gedächtnisraum Polen“, S.203
215 Vgl. Bode-Jarsumbeck, Daniela, „Die literarischen Reportagen Hanna Kralls“, S.76
216 Vgl. Bode-Jarsumbeck, Daniela, „Die literarischen Reportagen Hanna Kralls“, S.75
217 Pankowski, Marian, „Nie ma Żydówki“, S.179/[178]
218 Bode-Jarsumbeck, Daniela, „Die literarischen Reportagen Hanna Kralls“, S.75
219 Pankowski, Marian, „Nie ma Żydówki“, S.213/[214]

an bestimmten Stellen oder das aus Selbstschutz gewählte Ausweichen auf eine andere Thematik.

Diese Mechanismen werden im Text ausdrucksstark nachvollzogen, wenn in der Sprunghaftigkeit des Erzählens, dem abwechselnden Erzählen von verschiedenen Stimmen auf extradiegetischer Ebene oder einer reflexiven Eingrenzung wie „Koniec czarnych wyliczanek." [„Schluss mit der düsteren Litanei."][220] ein rascher Wechsel von Nähe und Distanz zum Erzählten stattfindet. Die Polyphonie, der Wechsel von Stimmen und Perspektiven als Mechanismus der Distanzierung aus Selbstschutz, wird im Text auch im Motiv der Bühne und des Schauspiels umgesetzt.

Der Erzähler der Rahmenerzählung präsentiert Fajga im Rahmen der Namenswahl der Heldin wie auf einer Bühne, auf der die Figuren „[...] przekrzykują i podskakują, że istna koszykówka artystek stołecznej opery, walczących o rolę pierwszoplanową!" [„[...] [herum]hüpfen, ein wahres Basketballspiel von Opernsängerinnen, die um die Rolle der Primadonna kämpfen!"][221] und auf der er selbst sich verneigend, anwesend ist, als Narr, als einer unter anderen Schauspieler_innen. Diese Dramatisierung, das szenische Erzählen und die Betonung des Schauspiels im Wortlaut, wie in: „Powyższy scenariusz [...]" [„Das eben angekündigte Szenario [...]"][222], „ […] że to najlepszy moment, żeby wejść w rolę, która pasjonuje i wzrusza." [„[...] dass dies der beste Moment ist, in eine Rolle einzusteigen, die sie begeistert in Bewegung setzt."][223] oder „uszminkowani popiołem aktorzy, [...]" [„Mit Asche geschminkte Komödianten"][224] entrückt die Darstellung des Geschehens auf eine Bühne, also in die Fiktionalität, was die Unfassbarkeit und Absurdität des Erfahrenen betont und somit einerseits Distanz ermöglicht, andererseits einen Rollentausch und ein Einfühlen in andere Charaktere. Ein Rollentausch ist also nicht nur auf narrativer Ebene zwischen Text und Leser_in möglich, sondern auch für die narrative Instanz der Rahmenerzählung und damit übertragbar auf den polnisch-jüdischen Diskurs, für den im Text ein, von der Leidenskonkurrenz weg, erweitertes Spektrum der Anteilnahme ermöglicht wird.

---

220 Pankowski, Marian, „Nie ma Żydówki", S.179/[178]

221 Pankowski, Marian, „Nie ma Żydówki", S.181/[180]

222 Pankowski, Marian, „Nie ma Żydówki", S.203/[206]

223 Pankowski, Marian, „Nie ma Żydówki", S.225/[228]

224 Pankowski, Marian, „Nie ma Żydówki", S.231/[234]

Auf intradiegetischer Ebene werden die Mechanismen des Ausweichens aus einer anderen Perspektive deutlich, wenn z.B. der Präsident mit dem Verlauf des Gesprächs überfordert ist und versucht abzulenken: „To nieważne." [„Das ist nicht wichtig."] oder „Prezes, jakby pragnął na tym skonczyć: - Są jeszcze jakieś pytanie? Jak nie..." [„Der Präsident schien es dabei belassen zu wollen: „Gibt es noch Fragen? Wenn nicht..."][225]. Das Motiv des Ablenkens steht auch im Zusammenhang mit der Schuldabweisung und -zuweisung an andere, was sich im Zeitzeuginnengespräch Fajgas mit der amerikanisch-jüdischen Gemeinde darin spiegelt, dass diese vereinfachte, manichäische Lösungen bevorzugt. Die präferiert vereinfachte Wahrnehmung ist eng mit dem Bedürfnis verbunden, über das Wohlbefinden der Überlebenden von der Schwere des Holocaust entlastet zu werden. So die Worte der Frau des Präsidenten, Sara Krynitzer:

> „Tam zostałaś sama, samiuteńka i stąd tyle czarnych mśyli... Tu jesteś z nami. Tam ciągle będziesz nie taka jak oni... a tu... sami swoi. Opowiedz nam o tych dzieciach [...] Opowiedz, lżej ci będzie... i nam też."
>
> [„Dort warst du ganz allein, daher all diese düsteren Gedanken ... Hier bist du mit uns zusammen. Dort wirst du niemals so sein sie sie ... hier ... bist du unter deinesgleichen. Erzähl uns von diesen Kindern [...] Erzähl, es wird dir guttun ... und uns auch."][226],

wobei auch auf die Wirkung des Erzählens als Erleichterung hingewiesen wird.

Besonders kritisch ist die Darstellung der jüdisch-amerikanischen Gemeinde in der Hinsicht, dass deren Erwartungshaltung an die Überlebenden aufgezeigt wird, d.h. wie vehement von den Überlebenden gefordert wird, sich in die „neue" Welt zu integrieren und in dieser zu funktionieren, was folgende Szene zeigt:

> „I co? - pyta kobieta z głębi sali. - Kupiłaś? - Nie. - No to kup! Kup, kup! [...] - Ale do Baśki... napisałaś? - Sara Krynitzerowa nie tyle pyta, co pragnie usłyszeć pozytywną odpowiedź."
>
> [„ „Und?", fragt eine Frauenstimme, „hast du ihm einen gekauft?" „Nein." „Aber dann kauf einen, kauf einen! [...] „Und Barbara ... hast du ihr geschrieben?" *Sarah Krynitzer* fragt dies nicht einfach, sie hofft geradezu auf die Bestätigung."][227]

---

225 Alle drei Beispiele, Pankowski, Marian, „Nie ma Żydówki", S.191/[192]
226 Pankowski, Marian, „Nie ma Żydówki", S.207f/[210]
227 Pankowski, Marian, „Nie ma Żydówki", S.229/[234]

Sogar das Recht auf die eigene Geschichte wird von den Zuhörer_innen angegriffen: „To żadne wyjaśnienie! Ty też coś pod tym śniegiem ukrywasz!“ [„ „Das ist keine Erklärung! Du versteckst doch auch etwas unter diesem Schnee.““][228], wenn diese nahe der Lüge begriffen wird, wobei wieder die Frage im Mittelpunkt steht, wie die Erfahrung des Holocaust erfolgreich vermittelt werden und wie aus ihrer Kommunikation Verständnis wachsen kann.

[228] Pankowski, Marian, „Nie ma Żydówki“, S.223/[226]

Resumee

Eine solche Darstellung, die auch die Erwartungshaltung gegenüber den Überlebenden reflektiert und ironisiert, zeigt einen kritischen Blick auf die maskenhafte Wahrnehmung von Geschichte – die des Holocaust eingeschlossen. Welchem Druck die Überlebenden ausgesetzt sind und waren, ist im Text unter anderem auch Fajga bewusst: „Onieśmielona wiedziała, że w takim momencie należy się uśmiechać, [...]“ [„Eingeschüchtert machte sie sich klar, dass man in einem solchen Moment zu lächeln hat, [...]“][229].

Mit *Nie ma Żydówki* veröffentlichte Pankowski einen Text, in dem es genau darum geht – um den Umgang mit Geschichte im Allgemeinen, den Umgang mit der Geschichte des Holocaust und mit der individuellen Geschichte der Überlebenden im Speziellen.

In diesem Zusammenhang könnte man das Moment der Trauerarbeit wieder aufgreifen und, auf die traumatischen Erfahrungen des II. Weltkrieges bezogen, eine Parallele von Pankowskis Text zu seinem persönlichen Schicksal ziehen. Allein die Widmung an seine Frau lässt vermuten, dass das Schreiben von *Nie ma Żydówki* für ihn persönlich mehr bedeutete als ein intellektuelles Zeugnis, wie er es in einem Interview beschreibt:

> „Moja książeczka to jakby epilog śmierci czterych tysiecy Żydów sanockich w piecach Treblinki. Cudem, dziwnym i niemal byblijnym cudem uratowało się dziewczyna Fajga Oberlender. Myślę ze tytuł tej ksiażki można odczytać po prostu, bądź metaforycnie: Była Żydówka, nie ma Żydówki, byli Żydzi, nie ma Żydów. Ale zostało po nich pustka ze szramą.“[230]

> [„Mein Büchlein ist eine Art Epilog auf den Tod von viertausend Juden aus Sanok in den Öfen von Treblinka. Durch ein Wunder, ein seltsames, fast biblisches Wunder wird das Mädchen Fajga Oberlender gerettet. Ich denke, man kann den Titel des Buches ganz einfach lesen, sei es metaphorisch: Es gab eine Jüdin, die Jüdin ist weg, es gab die Juden, die Juden sind weg. Aber es blieb eine Leere mit Schramme. Wo sie waren, ist jetzt Leere...“]

---

229 Pankowski, Marian, „Nie ma Żydówki“, S.187/[186]

230 Auszug einer Aufnahme aus dem Jahr 2008, dem Format *Krytyka Polityczna – Komentarze* http://www.marianpankowski.pl/content/marian-pankowski-o-swojej-powiesci-byl-zydowka-nie-ma-zydowki zuletzt eingesehen: 28.07.2013, 11:15

Doch diese Spurensuche im Leben des empirischen Autors war nicht Teil meiner Intention für diese Arbeit, vielmehr lag es mir daran, auf die narratologische Kunst Pankowskis hinzuweisen. Diesem gelingt es, durch fiktive Figuren wie Fajga oder die Figur des Autors eine zusätzliche Perspektive einzubringen, welche die extradiegetische narrative Instanz, den ‚Autor-Erzähler', verschleiert und ambivalent, zugleich aber authentischer macht und auf die außerhalb des Textes liegende Instanz des empirischen Autors im Bewusstsein der Arbitrarität des Zeichens verweist, was für ‚Holocaust-Literatur' durchaus von Bedeutung ist.

Die Arbitrarität des Zeichens bedeutet Mehrstimmigkeit im Diskurs und ist neben der Konkurrenz von Bedeutungszuschreibungen in den unterschiedlichen Erinnerungsdiskursen eine Chance zur Polyphonie und Öffnung fester Rahmen.

Was in Bezug auf den traumatischen Ort Auschwitz und in *Nie ma Żydówki* auf den Schuppen problematisiert wurde, scheint Ruth Klüger zu lösen, indem sie vorschlägt, den Begriff der Zeitschaft einzuführen:

> „[...] das KZ als Ort? Ortschaft, Landschaft, landscape, seascape – das Wort Zeitschaft sollte es geben, um zu vermitteln, was ein Ort in der Zeit ist, zu einer gewissen Zeit, weder vorher noch nachher."[231]

Diese Idee strebt in die gleiche Richtung wie Pankowskis Reflexionen, die durch ihre vielseitige Perspektive sein Schreiben über den Holocaust differenziert sein lassen und ein komplexeres Bild von Wahrheit zu übermitteln fähig sind.

Über den Epilog und die inhaltliche Ebene hinaus steuert auch der an ein Theaterstück erinnernde Aufbau der Erzählung eine weitere Rezeptionsmöglichkeit bei. Die Absurdität der Erzählung als Zeichen für die Unfassbarkeit des Holocaust, die szenische Darstellung von Fajgas Überleben als Krimi oder Abenteuermärchen, spricht die Universalisierung des Holocaust und seine Formung durch die Massenmedien an, wie auch folgende Frage unterstreicht: „Może wystarczy im obecność w księgach godnych kamery Spielberga?" [„Vielleicht reicht es ihnen, in Büchern aufzutauchen, die der Kamera eines Spielbergs würdig sind?"][232].

Die überspitzte Darstellung des Dialogs mit der Zeitzeugin Fajga provoziert und sensibilisiert den Lesenden zugleich und durch die Verknüpfung mit der

[231] Klüger, Ruth, „WeiterLeben", München, 1994, S.78

[232] Pankowski, Marian, „Nie ma Żydówki", S.199/[200]

Gegenwart erhält der Text eine Präsenz und Aktualität, die dem entspricht, was angesichts des Generationenwechsels als Hauptanliegen der Literatur über den Holocaust gilt – die Schaffung einer Erinnerungsliteratur, die zu einer Auseinandersetzung mit der Thematik des Holocaust führt und „die Vergangenheit in den Diskurs der Gegenwart und der Zukunft [stellt]“[233].

Dabei wird umgesetzt, was Young unter einer Adaption des Zeugnisses an die nachfolgenden Generationen versteht und was dazu beiträgt, dass sich der Leser weder schockiert noch gelangweilt abwendet[234], was Pankowski mit *Nie ma Żydówki* auf eine beeindruckende Art und Weise gelingt.

Mit dem Potential der drastischen Darstellungen seiner Texte, welches Pankowski selbst wie folgt erklärt: „Być może moja skłonność do drastycznej strony historii jest protestem przeciw niesprawiedliwościom normy, [...]“[235] [Vielleicht ist meine Neigung hin zur tragischen Seite der Geschichte ein Protest gegen die Ungerechtigkeit der Norm], leistet er einen beachtlichen Beitrag für den Korpus der ‚Holocaust-Literatur‘, welchen er enttabuisiert und durch Narrative der Marginalität, durch einen reflexiven, selbstkritischen Blick und sein literarisches Zeugnis ergänzt.

---

[233] Bode-Jarsumbeck, Daniela, „Die literarischen Reportagen Hanna Kralls“, S.4

[234] Vgl. Bode-Jarsumbeck, Daniela, „Die literarischen Reportagen Hanna Kralls“, S.4f

[235] Pankowski, Marian, in: „Polak w dwuznacznych sytuacjach“, S.120

Literaturverzeichnis

Primärliteratur

Pankowski, Marian, „Nie ma Żydówki“, übersetzt von Jan Glas, in: „Prawdziwy koniec wojny jest przed jej początkiem – Das wahre Ende des Krieges liegt vor seinem Anfang“, eine deutsch-polnische Anthologie, Hrsg. Stephan Stroux, Wydawnictwo W.A.B/Wallstein Verlag, Warszawa, 2010, S.179-243

Pankowski, Marian, „Matuga idzie: przygody“, Wydawnictwo Lubelskie, Lublin, 1983

Spiegelman, Art, „Maus 1: Mein Vater kotzt Geschichte aus“, und „Maus 2: Und hier begann mein Unglück“, Büchergilde Gutenberg, Frankfurt (Main)/Wien, 1993

Sekundärliteratur

Adorno, Theodor W., „Standort des Erzählers im zeitgenössischen Roman (1954)“, in „Moderne Erzähltheorie: Grundlagentexte von Henry James bis zur Gegenwart“, hg. v. Karl Wagner, WUV-Univ.-Verlag, Wien, 2002, S.167-180

Adorno, Theodor W., „Minima Moralia. Reflexionen aus dem beschädigten Leben“ in: ders., „Gesammelte Schriften“, Bd. 4, hg. v. Rolf Tiedemann, unter Mitw. Von Gretel Adorno, Suhrkamp Verlag, Frankfurt (Main), 1996

Adorno, Theodor W., „Negative Dialektik. Jargon der Eigentlichkeit“, hg. v. Rolf Tiedemann, unter Mmitw. v. Gretel Adorno, Susan Buck-Morss u. Klaus Schultz, Suhrkamp Verlag, Frankfurt (Main), 1996

Assmann, Aleida, „Die Legitimität der Fiktion: ein Beitrag zur Geschichte der literarischen Kommunikation“, Fink Verlag, München, 1980

Assmann, Jan, „Das kulturelle Gedächtnis. Schrift, Erinnerung und politische Hochkulturen“, München, 1997

Bandura, Michał, „Adventures of language. Representation in Marian Pankowski's prose works“, in: *Russian Literature*, Vol. 70(4), Elsevier Verlag, 2011, S.607-616

Barć, Stanisław, „Marian Pankowski. Poeta – Prozaik – Dramaturg“, Lublin, 1991

Barthes, Roland, „Schreibweise des Romans (1953)“, in: „Moderne Erzähltheorie: Grundlagentexte von Henry James bis zur Gegenwart“, hg. v. Karl Wagner, WUV-Univ.-Verlag, Wien, 2002, S.153-166

Barthes, Roland, „Das Rauschen der Sprache (Kritische Essays IV)“, aus dem Französischen von Dieter Hornig, Edition Suhrkamp, Suhrkamp Verlag, Frankfurt am Main, 2006

Blödorn, Andreas/ Langer, Daniela/ Scheffel, Michael (Hrsg.), „Stimme(n) im Text – Narratologische Positionsbestimmungen“, Walter de Gruyter Verlag, Berlin/New York, 2006

Bode-Jarsumbeck, Daniela, „Die literarischen Reportagen Hanna Kralls – Gedächtnis an die ostjüdische Lebenswelt und die Shoah“, Harrassowitz Verlag, Wiesbaden, 2009

Breysach, Barbara, „Schauplatz und Gedächtnisraum Polen: die Vernichtung der Juden in der deutschen und polnischen Literatur“, Wallstein Verlag, Göttingen, 2005

Castoriadis, Cornelius, „Gesellschaft als imaginäre Institution: Entwurf einer politischen Philosophie“, Suhrkamp Verlag, Frankfurt (Main), 1990

Czapliński, Przemysław, „Pank's not dead: a 20th-century writer in the presence of the canon“, in: *Russian Literature*, Vol. 70(4), Elsevier Verlag, 2011, S.617-638

De Bruyn, Dieter / Van Heuckelom, Kris / Walczak, Dorota, „Here comes Pankowski. Adventures in ambiguity“, in: *Russian Literature*, Vol. 70(4), Elsevier Verlag, 2011, S.467-479

Diner, Dan, „Gegenläufige Gedächtnisse“, Vandenhöck&Ruprecht Verlag, Göttingen, 2007

Eco, Umberto, „Zwischen Autor und Text“, in: „Texte zur Theorie der Autorschaft“, hg. v. Fotis Jannidis, Gerhard Lauer, Matías Martínez, Simone Winko, Reclam, Stuttgart, 2000, S.279-297

Feuchert, Sascha (Hrsg.), „Holocaust-Literatur Auschwitz: für die Sekundarstufe I“, Reclam, Stuttgart, 2000

Foucault, Michel, „Was ist ein Autor?“ in: „Texte zur Theorie der Autorschaft“, hg. v. Fotis Jannidis, Gerhard Lauer, Matias Martinez und Simone Winko, Reclam, Stuttgart, 2000, S.198-233

Genette, Gérard, „Stimme (1972/1983)“, in: „Moderne Erzähltheorie: Grundlagentexte von Henry James bis zur Gegenwart“, hg. v. Karl Wagner, WUV-Univ.-Verlag, Wien, 2002, S.213-270

Geute, Peter (Hg.), „Foucault und die Künste“, Suhrkamp Verlag, Frankfurt-(Main), 2004

Grynberg, Henryk, „Holocaust w literaturze polskiej“, in: ders., „Prawda nieartystyczna“, Bibliotheka Archipelagu, West-Berlin, 1984

Halbwachs, Maurice, „Das kollektive Gedächtnis“, Enke Verlag, Stuttgart, 1967

Jongeneel, Els, „Silencing the voice in narratology? A synopsis“ in: „Stimme(n) im Text – Narratologische Positionsbestimmungen“, hg. v. Andreas Blödorn, Daniela Langer, Michael Scheffel, Walter de Gruyter Verlag, Berlin/New York, 2006, S.9-30

Kasics, Kaspar, „Literatur und Fiktion – zur Theorie und Geschichte der literarischen Kommunikation“, Reihe Siegen: Beiträge zur Literatur-, Sprach- und Medienwissenschaft, Band 94, Hrsg. dieses Bandes: Christian W. Thomsen, Carl Winter Universitätsverlag, Heidelberg, 1990

Krupiński, Piotr, „About the revolutions of „Planet Auschwitz“. Marian Pankowski's lecture on antimartyrological literature“, in: *Russian Literature*, Vol. 70(4), Elsevier Verlag, 2011, S. 553-572

Levy, Daniel / Sznaider, Natan, „Erinnerung im globalen Zeitalter: der Holocaust“, Edition Zweite Moderne, hg. v. Ulrich Beck, Suhrkamp Verlag, Frankfurt am Main, 2001

Lotman, Jurij M., „Die Struktur literarischer Texte“, übersetzt von Rolf-Dietrich Keil, Wilhelm Fink Verlag, München, 2.Auflage, 1981

von der Lühe, Irmela, „Wie bekommt man ›Lager‹? Das Unbehagen an wissenschaftlicher Zurichtung von ›Holocaust-Literatur‹ – mit Blick auf Carl Friedmans Erzählung »Vater«“ in: *Text+Kritik*, Literatur und Holocaust, Hg. v. Heinz Ludwig Arnold, Heft 144 (1999), München, S.67 – 78

Luhmann, Niklas, „Einführung in die Systemtheorie“, hg. v. Dirk Baecker. Heidelberg 2001

Luhmann, Niklas, „Die Gesellschaft der Gesellschaft“, Suhrkamp Verlag, Frankfurt (Main), 1997

Martínez, Matías / Scheffel, Michael, „Einführung in die Erzähltheorie“, Beck Verlag, 8.Auflage, München, 2009

Pasterska, Jolanta, „Marian Pankowski and polishness. The literaty provocations of an émigré.“, in: *Russian Literature*, Vol. 70(4), Elsevier Verlag, 2011, S.525-537

Scholem, Gersholm, „Über einige Grundbegriffe des Judentums“, Suhrkamp Verlag, Frankfurt (Main), 1970

Shallcross, Bożena, „Gay camp identity in Marian Pankowski's writing“, in: *Russian Literature*, Vol. 70(4), Elsevier Verlag, 2011, S.511-523

Stanzel, Franz K., „Theorie des Erzählens“, Vandenhoeck&Ruprecht Verlag, Göttingen, 8.Auflage, 2008

Stanzel, Franz K., „Die Opposition Erzähler – Reflektor im erzählerischen Diskurs (1982)“, in: „Moderne Erzähltheorie: Grundlagentexte von Henry James bis zur Gegenwart“, hg. v. Karl Wagner, WUV-Univ.-Verlag, Wien, 2002, S.341-362

Stierle, Karlheinz, „Die Struktur narrativer Texte (1977)“, in: „Moderne Erzähltheorie: Grundlagentexte von Henry James bis zur Gegenwart“, hg. v. Karl Wagner, WUV-Univ.-Verlag, Wien, 2002, S.293-322

Strümpel, Jan, „Im Sog der Erinnerungskultur. Holocaust und Literatur – ›Normalität‹ und ihre Grenzen“ in: *Text+Kritik*, Literatur und Holocaust, hg. v. Heinz Ludwig Arnold, Heft 144 (1999), München, S. 9-17

Wolff-Powęska, Anna / Forecki, Piotr (Hrsg.), „Der Holocaust in der polnischen Erinnerungskultur – Geschichte Erinnerung Politik – Posener Studien zur Geschichts-, Kultur- und Politikwissenschaft“, Peter Lang Internationaler Verlag der Wissenschaften, Frankfurt (Main), 2012

Young, James Edward, „Beschreiben des Holocaust“, aus dem Amerikanischen von Christa Schuenke, Jüdischer Verlag im Suhrkamp Verlag, Frankfurt (Main), 1992

Zangl, Veronika, „Poetik nach dem Holocaust – Erinnerungen. Tatsachen. Geschichten“, Wilhelm Fink Verlag, München, 2009

Zipfl, Frank, „Autofiktion. Zwischen den Grenzen von Faktualität, Fiktionalität und Literarität?“ in: „Grenzen der Literatur: zu Begriff und Phänomen des Literarischen“, hg. v. Simone Winko, de Gruyter Verlag, Berlin/New York, 2009, S. 285-313 die Beiträge aus der Zeitschrift *Russian Literature* sind der gebundenen Ausgabe von „Russian, Croatian and Sebian, Czech and Slovak, Polish Literature", Vol. 70(4), hg. v. Dieter De Bruyn, entnommen, Elsevier Verlag, Amsterdam, 2012, S.468-638

Internetquellen + Interviews

Münz, Christoph, „Der Holocaust, das Judentum und die Erinnerung. Anmerkungen zu innerjüdischen Deutungen des Holocaust und der Zentralität des Gedächtnisses im Judentum"
http://www.nostra-aetate.uni-bonn.de/erinnerung-als-theologische-basiskategorie/der-holocaust-das-judentum-und-die-erinnerung/der-holocaust-das-judentum-und-die-erinnerung
zuletzt eingesehen: 22.07.2013, 15:07

Münz, Christoph, „Wohin die Sprache nicht reicht..." - Holocaust und Shoah: Sprache und Sprachbilder zwischen Bilderverbot und Schweigegebot, Online-Extra, Nr.94
http://www.compass-infodienst.de/Christoph_Muenz_Wohin_die_Sprache_nicht_reicht_-_Holocaust_und_Shoa.6581.0.html zuletzt eingesehen: 22.07.2013, 11:24

Schreiber, Dominik, „Literarische Kommunikation. Zur rekursiven Operativität des Literatursystems." In: Textpraxis 1(2010), Link: http://www.uni-muenster.de/textpraxis/dominik-schreiber-literarische-kommunikation, zuletzt eingesehen: 14.02.2014, 15:20

Pankowski, Marian in einem Filmausschnitt des Formats *Krytyka Polityczna – Komentarze* aus dem Jahr 2008, http://www.marianpankowski.pl/content/marian-pankowski-o-swojej-powiesci-byl-zydowka-nie-ma-zydowki zuletzt eingesehen: 15.07.2013, 9:32

Zaleski, Marek
http://www.instytutksiazki.pl/ksiazki-detal,literatura-polska,2761,byla-zydowka-nie-ma-zydowki.html, zuletzt eingesehen: 17.07.2013, 17:52

Bielas, Katarzyna, „Żegnaj, Maniuś, żegnaj!" Interview mit Marian Pankowski, in: „Rozmowa Dużego Formatu, Gazeta Reporterów", Vol.17/678, 24.05.2006

Marecki, Piotr, in der Rubrik „Dla Gazety“, in: *Gazeta Wyborcza*, Kultura S.17, 4.April.2011

Ruta-Rutkowska, Krystyna, „Polak w dwuznacznych sytuacjach“, ein Interview mit Marian Pankowski, Wydawnictwo Polskiej Akademii Nauk, Warszawa, 2000

Subbotko, Donata, Grzymisławski, Łukasz, „Zmarł Marian Pankowski“ in: *Gazeta Wyborcza*, Kultura S.17, 4.April.2011

Es folgt eine Liste der Prosa Pankowskis (ab 1990) und der Sekundärliteratur zu Pankowski, welche in der Bibliothek Sanoks geführt ist und von mir im Vertrauen auf die Richtigkeit der Angaben übernommen wurde. Die Bibliothek verfügt auch über eine Auflistung aller weiteren Publikationen von und über Pankowski, auf die ich hier nur verweisen möchte. (http://www.biblioteka.sanok.pl)

Liste Pankowskis Prosa (ab 1990)[1]

1990

„Le gars de Lvov", in: „Les Écrivains polonais", L'O&il de la lettre, Paris, 1990, S.34-35

„Lekcja Simony", in: *Twórczość,* Vol.12, 1990, S.59-66

„Powrót białych nietoperzy" (in Fragmenten) in: *San,* Vol.34, 1990, S.7

„Scenariusz martwego dzieciństwa", in: „Pisarska rozróba : w 70-lecie urodzin Mariana Pankowskiego", Redaktion: Stanisław Barć, Tomasz Korzeniowski, Bronisława Przystasz, hg. von Miejska Biblioteka Publiczna, Sanok, Wydaw. Polonia, Lublin, 1990, S.7-9

1991

„Powrót białych nietoperzy", Wydaw. Lubelskie, Lublin, 1991.

1993

„De gast", aus dem Polnischen überstetzt von Karol Lesman, hg. v. Paul Beers, in de Knipscheer, Amsterdam, 1993, Original: „Gość"

„L'or funebre : récits", übersetzt aus dem Polnischen von Elisabeth Destrée-Van Wilder, Actes Sud, Arles, 1993, Original: „Złoto żałobne"

„Wspomnienie o mieście", in „Sanok", hg. v. Mariusz Wideryński, mit einem Vorwort von Maria Zielińska und Leszek Puchała, Muzeum Historyczne, Sanok, 1993.

1994

„Putto", Softpress, Poznań, 1994.

„Putto", (in Fragmenten), in: *Ogród,* Vol.2, 1994, S.42-61

1995

„Fara na Pomorzu", (in Fragmenten), in: *Czas Kultury* Vol. 5(6), 1995, S.56-65

1996

„Balustrada", mit Zeichnungen von Stanisław Frenkiel, Oficyna Poetów i Malarzy, London, 1996

„Rudolf", aus dem Polnischen übersetzt von John und Elizabeth Maslen, Northwestern Univ. Press, Evanston, 1996.

„Zwin", in: *Tygiel Kultury*, Vol.10(11), 1996, S.61-74

1997

„De les van Simone en andere verhalen", hg. v. Paul Beers, In de Knipscheer, Harlem, 1997

„Fara na Pomorzu", Wydaw. Literackie, Kraków, 1997, Rezensiert von Bagłajewski, Arkadiusz, in: *Twórczość*. Vol.3, 1998, S.110-113, sowie Iwasiów, Inga, in: *Nowe Książki*, Vol.3, 1998, S.64-65

„Lida", Wydaw. Uniwersytetu Marii Curie-Skłodowskiej, Lublin, 1997

„Moja SS Rottenführer Johanna", in: *Fraza*, Vol.4, 1997, S.25-35

„Un presbytere en Poméranie : roman", übersetzt aus dem Polnischen von Elisabeth Destrée-Van Wilder, Actes Sud, Arles, 1997, Rezensiert von Franck Jacques, in: *La Libre Belgique*, Vol.99, 1997, S.4

1998

„Miasto", in: *Acta Pancoviana*, T.1, 1998, S.9

„Miasto", in: *Dodatek Kulturalny*, Vol.5, 1998, S.7

„Podchorąży Gil", in: *Akcent*, Vol.1-2, 1998, S.18-22

„Z Auszwicu do Belsen (przygody)", in: *Twórczość*, Vol.5, 1998, S.8-38

1999

„Bukenocie", 2.Ausgabe, Oficyna Poetów i Malarzy, London, 1999

„De planeet Auschwitz : lotgevallen", Van Gennep, Amsterdam, 1999, Original: „Z Auszwicu do Belsen"

„Kule", in: *Kwartalnik Artystyczny*, Vol.1, 1999, S.53-66

„Pismo w stronę miłości", in: *Twórczość*, Vol.4, 1999, S.7-61

2000

„D'Auschwitz a Bergen-Belsen : aventures", übersetzt aus dem Polnischen von Yolande Lamy, l'Âge d'Homme, Lausanne/Paris, 2000, Original: „Z Auszwicu do Belsen"

„Kora i nóż", in: *Twórczość*, Vol.8, 2000, S.5-50

„Z Auszwicu do Belsen : przygody", Czytelnik, Warszawa, 2000, Renzensiert von Bereza, Henryk, in: *Twórczość*, Vol.10, 2000, S.171-172; Nowacki, Dariusz, in: *Fa-Art*, Vol.4, 2000, S.62-63; Szewc, Piotr, in: *Nowe Książki*, Vol.9, 2000, S.42; Krupiński Piotr, in: *Pogranicza*, Vol.5. 2001, S.75-76; sowie Morawiec, Arkadiusz, in: *Twórczość*, Vol.12, 2001, S.112-116

2001

„Post-scriptum a l'amour", übersetzt aus dem Polnischen von Yolande Lamy, Actes Sud, Arles, 2001, Original: „Pismo w stronę miłości"

„W stronę miłości", Biblioteka Narodowa, Warszawa, 2001, Rezensiert von Lewandowski, Tadeusz, in: *Nowe Książki*, Vol.7(8), 2002, S.66-67; Ostaszewski, Robert, in: *Dekada Literacka*, Vol.1-2, 2002, S.90-93; sowie Kapłon, Tomasz, in: *Odra*, Vol.1, 2003, S.112

2002

„Złoto żałobne", Millennium, Koszalin, 2002, Rezensiert von Komendant, Tadeusz, in: *Twórczość*, Vol.6, 2003, S.96-101; sowie Morawiec, Arkadiusz, in: *Nowe Książki*, Vol.5, 2003, S.8

2003

„Mon roi vaincu", übersetzt aus dem Polnischen von Alain Van Crugten und Elisabeth Van Wilder, l'Âge d'Homme, Lausanne/Paris, 2003

2004

„De Arte Poetica: traktat / traité", Redaktion unter Wiesław Banach u.a., illustriert von Artur Olechniewicz, Muzeum Historyczne, Sanok, 2004

„Wieczór u doktorostwa B.", in: *Twórczość*, Vol.60(9), 2004, S.6-18

2005

„Liberte basanee", übersetzt aus dem Polnischen von Elisabeth Van Wilder, Rodez: Ed. du Rouergue, Paris, 2005, Original: „Smagła swoboda"

„Pojawienie", in: *Acta Pancoviana*, Vol.4, 2005, S.28-36

„Rudolf", 3. Ausgabe, Korporacja Ha!art, Kraków, 2005, Rezernsiert von Krupiński, Piotr, in: *Pogranicza*, Vol.6, 2005, S.102-104 ; Ostaszewski, Robert, in: der Beilage *Książki w Tygodniku* der *Tygodnik Powszechny*, Vol.47, 2005, S.7; Pasterska, Jolanta, in: *Fraza*, Vol.11/15(3), 2005, S.268-270; Sobolewska, Justyna, in: *Przekrój*, Vol.42, 2005, S.85; sowie Śmieja, Wojciech, in: *Czas Kultury*, Vol.21(6), 2005, S.161-166

„U starszego brata na przyzbie", in: *Twórczość*, R.61,Vol.6, 2005, S.6-17

2006

„Bal wdów i wdowców", in: *Lampa*, Vol.1, 2006, S.18-21

„Bal wdów i wdowców", Korporacja Ha!art, Kraków, 2006, Rezensiert von Charnas, Tomasz, in: *Czas Kultury*, Vol.22(3), 2006, S.156-158; Cuber, Marta, in: *Nowe Książki*, Vol.7, 2006, S.68-69; Darska, Bernadetta, in: *Twórczość*, Vol.62(9), 2006, S.86-87; Ostaszewski, Robert, in: *Gazeta Wyborcza*, Vol.97, 2006, S.11; sowie Poprawa, Adam, in: Beilage der *Tygodnik Powszechny*, Vol.8, 2008, S.4

„Ein Pole, ein Russe und ein SS-Mann", in: *Spotkajmy się we Wrocławiu*, Vol.2, 2006, S.10

„O siostrzanej miłości", in: *Twórczość*, Vol.62(4), 2006, S.6-11

„Pątnicy z Macierzyzny", 3.Ausgabe, Wydawnictwo i Księgarnia Korporacja Ha!art, Kraków, 2006

„Polak, Rusek i esesman", in: *Spotkajmy się we Wrocławiu*, Vol.2, 2006, S.8

2007

„Nie ma Żydówki", in: *Twórczość*, Vol.63(8), 2007, S.5-21

„Ostatni zlot aniołów", (Fragmente der Erzählung), in: *Gazeta Wyborcza*, Vol.246, 2007, S.26

„Ostatni zlot aniołów", in: *Twórczość*,Vol.63(1), 2007, S.7-30

„Ostatni zlot aniołów : z rękopisu sylwy Mariana Pankowskiego sześć rozmaitych dni wybrał Piotr Marecki, edytor, Kraków 9 listopada 2050 r.", illustriert von Jakub Julian Ziółkowski, Wydawnictwo Krytyki Politycznej. Stowarzyszenie im. Stanisława Brzozowskiego, Warszawa, (Seria Literacka / Wydawnictwo Krytyki Politycznej), 2007, Rezensiert von Pochłódka, Anna, in: *Dekada Literacka*, Vol.17(5-6), 2007, S.54-57; Poprawa, Adam, in: Beilage der *Tygodnik Powszechny*, Vol.8, 2008, S.4

„Rudolf", 4. Ausgabe, Wydawnictwo i Księgarnia Korporacja Ha!art, Kraków, 2007

2008

„Była Żydówka, nie ma Żydówki", illustriert von Jakub Julian Ziółkowski, Wydawnictwo Krytyki Politycznej, (Seria Literacka), Warszawa, 2008, Rezensiert von Boczkowska, Magdalena, in: *Twórczość*, Vol.65(5), 2009, S.101-103 ; Iwasiów, Inga, in: *Nowe Książki*, Vol.4, 2009, S.54-55

2009

„Niewola i dola Adama Poremby", Wydawnictwoi Księgarnia Korporacja Ha!art, (Seria Prozatorska), Kraków, 2009, Rezensiert von Bandura Michał, in: *Twórczość*, Vol.66(4), 2010, S.110-112; Nowacki, Dariusz, in: *Nowe Książki*, Vol.1, 2010, S.8-9; Rutkiewicz, Paweł, in: *Opcje*, Vol.1, 2010, S.89-90 ; Sobol, Karol, in: *Tygiel Kultury*, Vol.1-3, 2010, S.165-167; sowie Sobolczyk, Piotr, in: *Pogranicza*, Vol.1, 2010, S.97-99

„Rok jak rok, chociaż...", in: *Twórczość*, Vol.65(1), 2009, S.7-11

„Tratwa nas czeka", (Fragmente), in: *Twórczość*, Vol.65(9), 2009, S.6-10

2010

„Daniela", in: *Twórczość*, Vol.66(8), 2010, S.38-41

„Tratwa nas czeka...", Wydawnictwo i Księgarnia Ha!art, (Seria Prozatorska), Kraków, 2010, Rezensiert von Morawiec, Arkadiusz, in: *Nowe Książki*, Vol.3, 2011, S.23

2011

„Der letzte Engeltag: ein Silvenmanuskript", übersetzt von Sven Sellmer, Secession Verlag für Literatur, Zürich, 2011, Original: „Ostatni zlot aniołów"

[1] Diese Liste ist zu finden unter: http://www.biblioteka.sanok.pl/www/mp-proza.html, zuletzt eingesehen: 17.07.2013, 13:47

Liste der Sekundärliteratur zu Pankowski (ab 1990)

1990

Barć, Stanisław, „Główne aspekty pisarstwa Mariana Pankowskiego", in: „Pisarska rozróba : w 70-lecie urodzin Mariana Pankowskiego", Redaktion: Stanisław Barć, Tomasz Korzeniowski, Bronisława Przystasz, hg. von Miejska Biblioteka Publiczna, Sanok, Wydaw. Polonia, Lublin , 1990, S.10-39

Destrée-van Wilder, Elisabeth, „Odbiór twórczości Mariana Pankowskiego na Zachodzie", in: „Pisarska rozróba : w 70-lecie urodzin Mariana Pankowskiego", Redaktion: Stanisław Barć, Tomasz Korzeniowski, Bronisława Przystasz, hg. v. Miejska Biblioteka Publiczna, Sanok, Wydaw. Polonia, Lublin , 1990, S.51-64

Graszewicz, Marek, „Stereotyp i „trudna miłość": o twórczości dramaturgicznej Mariana Pankowskiego", in: *Że*, Vol.7-8, 1990, S.32-38

Graszewicz, Marek, „Stereotyp kulturowy w twórczości dramatycznej Mariana Pankowskiego jako wyraz tzw. „trudnej miłości"", in: „Wokół dramaturgii Mariana Pankowskiego", Ośrodek Teatru Otwartego *Kalambur*, Wrocław, 1990, S.17-27

Jabłonowska, Paulina, „Nasz pisarz emigracyjny", in: *Ziemia Sanocka*, Vol.7, 1990, S.5

Latawiec, Krystyna, „Nadrealny wymiar rzeczywistości teatralnej Mariana Pankowskiego", in: „Wokół dramaturgii Mariana Pankowskiego", Ośrodek Teatru Otwartego *Kalambur*, Wrocław, 1990, S.6-16

Latawiec, Krystyna, „Twórczość Mariana Pankowskiego na tle tradycji kulturowej i przemian artystycznych literatury współczesnej", in: „Pisarska rozróba: w 70-lecie urodzin Mariana Pankowskiego", Redaktion: Stanisław Barć, Tomasz Korzeniowski, Bronisława Przystasz, hg. von Miejska Biblioteka Publiczna, Sanok, Wydaw. Polonia, Lublin , 1990, S.40-50

(Inhalt von „Pisarska rozróba": Vorwort von Tomasz Korzeniowski und Bronisław Przystasz.

Pankowski, Marian, „Scenariusz martwego dzieciństwa",

Barć, Stanisław, „Główne aspekty pisarstwa Mariana Pankowskiego", Latawiec, Katarzyna, „Twórczość Mariana Pankowskiego na tle tradycji kulturowej i przemian artystycznych literatury współczesnej",

Destrée-Van Wilder, Elisabeth, „Odbiór twórczości Mariana Pankowskiego na Zachodzie",

Sołtys, Wojciech, „Środowisko kulturalne Sanoka w okresie międzywojennym 1918-1939",

Korzeniowski, Tomasz, „Marian Pankowski: twórczość: bibliografia podmiotowo-przedmiotowa")

Pytasz, Marek, „Marian Pankowski, czyli o przełamywaniu tabu", in: „Wokół dramaturgii Mariana Pankowskiego", Ośrodek Teatru Otwartego *Kalambur*, Wrocław, 1990, S.28-37

(Es handelt sich hier um eine Ausgabe, welche das Resultat eines Workshops zu Pnakowkis Dramaturgie ist, welcher am 27.April 1990, zum Anlass seines 70. Geburstatgs in Wrocław stattfand.

Inhalt: Einleitung.

Latawiec, Krystyna, „Nadrealny wymiar rzeczywistości teatralnej Mariana Pankowskiego",

Graszewski, Marek, „Stereotyp kulturowy w twórczości dramatycznej Mariana Pankowskiego jako wyraz tzw. "trudnej miłości"",

Pytasz, Marek, „Marian Pankowski, czyli o przełamywaniu tabu",

Litwiniec, Bogusław, „Zapis dyskusji – fragmenty. Marian Pankowski oczami reżysera",

Destrée-Van Wilder, Elisabeth, „Marian Pankowski oczami tłumacza", Interviews mit Marian Pankowski,

Rezensionen der Aufführungen Pankowskis Dramaturgie im Kalambur,

Notizen zu Pankowskis Biographie)

Wolańczyk, Tomasz, „Wiwat pierogi z pawimi piórami!", in: *Teatr*, Vol.5, 1990, S.31

Zawada, A., „Pankowski przeciw mitologii polskości", in: *Odra*, Vol.10, 1990, S.63-65

Zieliński, Jan, „Leksykon polskiej literatury emigracyjnej", Fis, Unipress, Lublin, 1990, S.104-106

1991

Barć, Stanisław, „Marian Pankowski – poeta, prozaik, dramaturg", Wydaw. Uniwersytetu Marii Curie-Skłodowskiej, Lublin, 1991

Barć, Stanisław, „Mity i stereotypy w prozie Mariana Pankowskiego", in: *Akcent*, Vol.4, 1991, S.124-135

Barć, Stanisław, „O twórczości Pankowskiego", in: *Przegląd Humanistyczny*, Vol.5-6, 1991, S.93-106

1992

Danilewicz-Zielińska, Maria, „Szkice o literaturze emigracyjnej", Zakład Narodowy im. Ossolińskich, Wrocław, 1992, S.29-30, 146, 286, 297, 315, 326, 352-354, 385, 391, 396

Latawiec, Krystyna, „Sposób istnienia postaci w dramaturgii Mariana Pankowskiego", in: *Rocznik Komisji Historycznoliterackiej*, Vol.29-30, 1992-1993), S.123-140

Latawiec, Krystyna, „Wewnętrzne i zewnętrzne zdialogizowanie twórczości Mariana Pankowskiego", in: *Rocznik Naukowo-Dydaktyczny*, Wyższa Szkoła Pedagogiczna im. Komisji Edukacji Narodowej w Krakowie. Prace Historycznoliterackie, Vol.11, 1992, S.35-55

Ruta-Rutkowska, Krystyna, „Bunt metafizyczny : o dwóch dramatach Mariana Pankowskiego", in: *Ogród*, Vol.3-4, 1992, S.149-159

1993

Kuncewicz, Piotr, „Agonia i nadzieja. T.3, Poezja polska od 1956", BGW, Warszawa, 1993, S.294-297

„Literatura emigracyjna 1939-1989. T.1", hg. v. Józef Garliński (u.a.), Śląsk, Katowice, 1993, S.95, 97, 106, 109

„Mały słownik pisarzy polskich na obczyźnie: 1939-1980: praca zbiorowa", hg. v. Bolesław Klimaszeski, Ewa R. Nowakowska, Wojciech Wyskiel, Interpress, Warszawa, 1993, S.262-263

Przybylski, Ryszard K., „Ciemności Mariana Pankowskiego", in: *Dialog*, Vol.1-2, 1993, S.163-167

Ruta-Rutkowska, Krystyna, „„„Ksiądz Helena" Mariana Pankowskiego jako rytuał kozła ofiarnego", in: *Ogród*, Vol.1-4, 1993, S.169-179

1994

Fiut, Aleksander, „Pankowski : mity i seks”, in: *Teksty Drugie*, Vol.2, 1994, S.131-141

Latawiec, Krystyna, „Na scenie świata i teatru: o dramaturgii Mariana Pankowskiego”, Universitas, Kraków, 1994

“Pologne singuliere et plurielle: la prose polonaise contemporaine: études sur l`individualisme et la sociabilité, l`identité unique ou multiple”, hg. v. Marek Tomaszewski, Presses Univ. de Lille, Villeneuve-d`Ascq, 1994, darin u.a.: „Marian Pankowski ou la dérision humaniste” von Alain van Crugten

Ruta-Rutkowska, Krystyna, „Postmodernistyczne teatrowania Mariana Pankowskiego”, in: *Ogród*, Vol.3, 1994, S.208-216

1995

Bartelski, Lesław M., „Polscy pisarze współcześni 1939-1991: Leksykon”, Wydawnictwo Naukowe PWN, Warszawa, 1995, S.310-311

Błażewicz, Bartosz, „Nagrodzeni przez Radę Miasta”, in: *Tygodnik Sanocki*, Vol.23, 1995, S.4

Fiszbak, Zbigniew, „Od ewokacji dzieciństwa do buntu przeciw emigracyjności: (wczesna proza Mariana Pankowskiego)”, in: *Prace Polonistyczne*, Vol.50, 1995, S.283-311

Fiut, Aleksander, „Pytanie o tożsamość”, Universitas, Kraków, 1995, S.59-73

Kuncewicz, Piotr, „Leksykon polskich pisarzy współczesnych. T.2, N-Ż”, GRAF-PUNKT, Warszawa, 1995, S.77-79

1996

„Littérature et émigration dans les pays de l`Europe centrale et orientale”, hg. v. Maria Delaperriere, Institut de Recherche et d`Étude des Nouvelles Institutions et Sociétés a l`Est, Centre National de la Recherche Scientifique, Université de Paris-Sorbonne, Paris, 1996, darin u.a.: „Les mythes et la sexualité: l`exemple de Pankowski” von Aleksander Fiut

Pijewski, Łukasz, „Poczytajmy Pankowskiego”, in: *Tygiel Kultury*, Vol.10/11, 1996, S.75-76

Skrobała, Czesław A., „Sanocki pejzaż z kawkami”, in: *Ziemia Krośnieńska*, Vol.3, 1996, S.10-11

„Szkice o polskich pisarzach emigracyjnych. T.1", hg. v. Marian Kisiel i Włodzimierz Wójcik, Towarzystwo Zachęty Kultury, Katowice, 1996

Szuber, Janusz, „Mariana Pankowskiego teatrownie nad świętym barszczem", in: *Tygodnik Sanocki*, Vol.10, 1996, S.6

1997

Latawiec, Krystyna, „Marian Pankowski: biografia i język", in: *Impresje Muzealne*, Vol.4, 1997, S.11

Latawiec, Krystyna, „Między mitem a historią: o teatrze Mariana Pankowskiego", in: *Fraza*, Vol.4, 1997, S.40-51

Korzeniowski, Tomasz, „Wokół „Fary" Mariana Pankowskiego", in: *Dodatek Kulturalny*, Vol.7, 1997, S.1-3

Zając, Edward, „Na początku był Grzegorz", in: *Gazeta Bieszczadzka*, Vol.6, 1997, S.11

1998

„Acta Pancoviana. T.1", hg. v. Leszek Puchała, Miejska Biblioteka Publiczna im. Grzegorza z Sanoka, Sanok, 1998,
(Inhalt: Einleitung,
Pankowski, Marian, „Miasto",
Pankowski, Marian, „Z jakim przystajesz, takim się stajesz ... : (Z okazji dwusetnej rocznicy urodzin Adama Mickiewicza)",
„Marian Pankowski na Zachodzie: przekłady wystąpień i artykułów o Marianie Pankowskim i jego książkach w publikacjach francuskojęzycznych lat 1989-1997",
„Marian Pankowski: twórczość", ausgearbeitet von Tomasz Korzeniowski,
„Marian Pankowski: kronika życia i twórczości",
Familienalbum)

„Marian Pankowski Honorowy Obywatel Królewskiego Miasta Sanoka", in: *Tygodnik Sanocki*, Vol.25, 1998, S.6

Boczar, Maria, „Honorowe obywatelstwo", in: *Tygodnik Sanocki*, Vol.19, 1998, S.5

Burghardt, Andrzej, „Kresowe ojczyzny Janusza Szubera i Mariana Pankowskiego", in: „Góry, literatura, kultura. T. 3", hg. v. Jacek Kolbuszewski, Wydaw. Uniwersytetu Wrocławskiego, Wrocław, 1998, S.131-142

Chomiszczak, Tomasz, „Ob-sesyjnie o Marianie Pankowskim", in: *Dodatek Kulturalny*, Vol.9, 1998, S.4-5

Korzeniowski, Tomasz, „Mistrz i laureaci", in: *Tygodnik Sanocki*, Vol.26, 1998, S.6

Korzeniowski, Tomasz, „Pankowskiego obecność i nieobecność", in: *Tygodnik Sanocki*, Vol.26, 1998, S.6

„Marian Pankowski: dykcjonarz literatów Ziemi Sanockiej", in: *Dodatek Kulturalny*, Vol.5, 1998, S.7

Ruta-Rutkowska, Krystyna, „Pejzaże ziemi rodzinnej", in: *Dodatek Kulturalny*, Vol.5, 1998, S.4-5

Szuber, Janusz, „Plebejskość nobilitowana", in: *Dodatek Kulturalny*, Vol.9, 1998, S.5

<u>1999</u>

„Acta Pancoviana. Nr. 2", hg. v. Leszek Puchała, Miejska Biblioteka Publiczna im. Grzegorza z Sanoka, Sanok, 1999,

Inhalt: Szuber, Janusz, „Marian Pankowski: 60-lecie debiutu literackiego",

Korzeniowski, Tomasz, „Otwarcie sesji popularnonaukowej „Marian Pankowski: 60-lecie debiutu literackiego"",

Burghardt, Andrzej, „Kresowa ojczyzna Mariana Pankowskiego",

Barć, Stanisław, „Kluczowe problemy twórczości prozatorskiej Mariana Pankowskiego",

Latawiec, Krystyna, „Belgijskie realia w prozie Mariana Pankowskiego"

Ruta-Rutkowska, Krystyna, „Romantyczne kreacje postaci w dramatach Pankowskiego",

Ligęza, Wojciech, „Anarchia i forma: uwagi o stylu poezji i prozy Mariana Pankowskiego",

Sawicki, Paweł, „Czy Marian Pankowski jest pisarzem pornograficznym?",

„Marian Pankowski: twórczość: bibliografia podmiotowo-przedmiotowa", ausgearbeitet von Tomasz Korzeniowski,

Veranstaltungskalender,

Fotoalbum aus Sanok)

Głębicka, Ewa, „Pankowski Marian", in: „Współcześni polscy pisarze i badacze literatury: słownik biobibliograficzny. T.6, N-P", hg. v. Jadwiga Czachowska, Alicja Szałagan, Wydawnictwa Szkolne i Pedagogiczne, Warszawa, 1999, S.240-244

Ligęza, Wojciech, „Wynalazki lingwistyczne Pankowskiego", in: *Dodatek Kulturalny*, Vol.8, 1999, S.1-2

Ruta-Rutkowska, Krystyna, „Dlaczego Pankowski zaczął pisać dramaty?", in: *Teatr*, Vol.6, 1999, S.40-43

„W kręgu twórczości pisarzy emigracyjnych: studia i szkice", hg. v. Zbigniew Andres, Wydaw. Wyższej Szkoły Pedagogicznej, Rzeszów, 1999

2000

Barć, Stanisław, „Pankowski Marian", in: „Leksykon kultury polskiej poza krajem od roku 1939. T.1", hg. v. Krzysztof Dybciak, Zdzisław Kudelski, Towarzystwo Naukowe Katolickiego Uniwersytetu Lubelskiego, Lublin, 2000, S.306-310

Chomiszczak, Tomasz, „Przechodził tędy Marian Pankowski...", in: *Nowa Okolica Poetów*, Vol.1, 2000, S.266-271

Drwięga, Ewa, „Marian Pankowski: bibliografia podmiotowo-przedmiotowa 1990-1999", Miejska Biblioteka Publiczna, Sanok, 2000

Judycka, Agata, „Polonia: słownik biograficzny", Wydawnictwo Naukowe PWN, Warszawa, 2000, S.233

Komendant, Tadeusz, „Kacetowe tango", in: *Gazeta Wyborcza*, Vol.6, 2000, in der Beilage S.6

„Pankowski Marian", in: „Literatura polska XX wieku: Przewodnik encyklopedyczny. T. 2, P-Z", hg. v. Artur Hutnikiewicz, Andrzej Lam, Wydawnictwo Naukowe PWN, Warszawa, 2000, S.6

Ruta-Rutkowska, Krystyna, „Metateatralne gry w dramacie współczesnym na przykładzie twórczości Mariana Pankowskiego", in: *Pamiętnik Literacki*, Vol.4, 2000, S.125-153

2001

Liberman, Patrice, "Polish relish", in: *The Bulletin*, Vol.9, 2001, S.28-29

Ligęza, Wojciech, „Jaśniejsze strony katastrofy: szkice o twórczości poetów emigracyjnych", Universitas, Kraków, 2001

Ruta-Rutkowska, Krystyna, „Dramaturgia Mariana Pankowskiego: problemy poetyki dramatu współczesnego", DiG, Warszawa, 2001, rezensiert von Czaplejewicz, Eugeniusz, in: *Przegląd Humanistyczny*, Vol.1, 2002, S.123-125

2002

Fiszbak, Zbigniew, „Dialogiczność, autotematyczność, autobiograficzność w prozie Mariana Pankowskiego", in: „Acta Universitatis Lodziensis. Folia Litteraria Polonica", Vol.5, 2002, S.137-153

Zając, Edward, „Literat Marian Pankowski : poczet honorowych", in: *Tygodnik Sanocki*, Vol.12, 2002, nr 12, S.7

Zając, Edward, „Obywatele Honorowi Królewskiego Wolnego Miasta Sanoka", hg. v. Leszek Puchała, Miejska Biblioteka Publiczna, Sanok, 2002, S. 115-117

Zajdel, Bartłomiej, „Jeden, co zna prawdę. San w literaturze", in: *Zeszyty Archiwum Ziemi Sanockiej*, Vol.2, 2002, S.122-125

2003

Bereza, Henryk, „Marian Pankowski", in: *Twórczość*, Vol.59(9), 2003, S.153-154

Goddeeris, Idesbald, „Kultura and Belgium (1947-2000): with particular attention to Maciej Broński", in: „For East ist East: liber amicorum Wojciech Skalmowski", hg. v. T. Soldatjenkova, E. Waegemans, Peeters, Paris, 2003, S. 52-56

Kurek, Krzysztof, „(Nie)obecność Pankowskiego", in: *Dialog*, Vol.12, 2003, S.60-65

Morawiec, Arkadiusz, „Tematyka lagrowa w twórczości Mariana Pankowskiego", in: „Język, literatura, dydaktyka. T. 2", hg. v. Renata Jagodzińska, Arkadiusz Morawiec, Wydaw. Wyższej Szkoły Humanistyczno-Ekonomicznej, Łódź, 2003, S.25-42

2004

„Acta Pancoviana. Nr. 3", hg. v. Tomasz Chomiszczak, Miejska Biblioteka Publiczna im. Grzegorza z Sanoka, Sanok, 2004
(Inhalt: Banurka, Barbara, „Patataj, patataj, patataj...",
Pankowski, Marian, „List do Janusza Szubera",
Pankowski, Marian, „O kruku i lisie",
Ligęza, Wojciech, „Zachwycenie",
Wolski, Jan, „Piękny kąkol wyobraźni: Mariana Pankowskiego ucieczka od poezji",
Ruta-Rutkowska, Krystyna, „Mit miłości i erotyka w twórczości Mariana Pankowskiego",
Latawiec, Krystyna, „Teatralność zachowań i wypowiedzi protagonistów",
Drzewucki, Janusz, „Nieodpowiedzialność chłopczyńska i starość",
„Marian Pankowski: bibliografia podmiotowo-przedmiotowa za lata 1993-2003", ausgearbeitet von Ewa Drwięga,
Notizen zum Autor)

„Bibliografia Mariana Pankowskiego", in: *Rocznik Towarzystwa Literackiego im. A. Mickiewicza*, Vol.39, 2004, S.125-126

Lam, Andrzej, „Kiść sanowej łoziny": słowo o Marianie Pankowskim", in: *Rocznik Towarzystwa Literackiego im. A. Mickiewicza*, Vol.39, 2004, S.(3)-5

Latawiec, Krystyna, „Marian Pankowski – pomiędzy Karpatami a europejską Civitas", in: *Konspekt*, Vol.20, 2004, S.159-160

Ruta-Rutkowska, Krystyna, „Twórczość Mariana Pankowskiego a destrukcja romantyzmu", in: *Rocznik Towarzystwa Literackiego im. A. Mickiewicza*, Vol. 39, 2004, S.7-23

„Spotkanie z Marianem Pankowskim", in: *Rocznik Towarzystwa Literackiego im. A. Mickiewicza*, Vol.39, 2004, S.125-126

„Pokłosie jubileuszu", in: *Tygodnik Sanocki*, Vol. 23, 2004, S.6

2005

„Acta Pancoviana Nr. 4", hg. v. Tomasz Chomiszczak, Miejska Biblioteka Publiczna im. Grzegorza z Sanoka, Sanok, 2005
(Inhalt: Szuber, Janusz, „Zamiast wstępu",

Pankowski, Marian, „Na brukselskiej slawistyce, czyli polonistyka na obczyźnie",
Pankowski, Marian, „Dług wdzięczności",
Pankowski, Marian, „O pożytku z Belgii",
Pankowski, Marian, „Pojawienie"
Goddeeris, Idesbald, „ „Kultura" i Belgia",
Lieberman, Patrice, „Polski smaczek",
Haubruge, Pascale, „Ci belgijscy pisarze nie stąd",
Buchrezensionen,
„Marian Pankowski: Bibliografia podmiotowo-przedmiotowa (2003-2004)", ausgearbeitet von Ewa Drwięga,
Fotoreportage: Migawki z pobytu prof. Mariana Pankowskiego w Sanoku (28-29 maja 2004 r.))

Fazan, Jarosław, „Pankowski Marian", in: „Encyklopedia literatury polskiej", hg. v. Elżbieta Zarych, Wydawnictwo Zielona Sowa, Kraków, 2005

Krupiński, Piotr, „Podwójne życie Rudolfa Niemca", in: *Pogranicza*, Vol.6, 2005, S.102-104

Latawiec, Krystyna, „Zasada estetycznego dystansu w prozie senioralnej Mariana Pankowskiego", in: „Materiały z IV konferencji poświęconej krytyce literackiej, teatralnej i filmowej, Maniowy", in: *Annales Academiae Paedagogicae Cracoviensis. Studia Historicolitteraria*, Vol.5, 2005, S.139-151

„Marian Pankowski", in: *Tygodnik Powszechny*, Vol.47, 2005, in der Beilage, S.7

Ostaszwski, Robert, „Pojedynek natury z kulturą", in: *Tygodnik Powszechny*, Vol.47, 2005, in der Beilage, S.7

Pasterska, Jolanta, „Podwójne życie Rudolfa", in: *Fraza*, Vol.11(3), 2005, S.268-270

Sobolewska, Justyna, „Na oklep na słowach: Przed Witkowskim był Pankowski", in: *Przekrój*, Vol.42, 2005, S.85

Śmieja, Wojciech, „Czytelnik nareszcie odnaleziony!?", in: *Czas Kultury*, Vol.21(6), 2005, S.161-166

2006

Baran, Józef, „Tragarze wyobraźni", Podkarpacki Instytut Książki i Marketingu, Rzeszów, 2006

Charnas, Tomasz, „Poezja prozy Mariana Pankowskiego", in: *Czas Kultury*, Vol.22(3), 2006, S.156-158

Cuber, Marta, „Święto miłości", in: *Nowe Książki*, Vol.7, 2006, S.68-69

Darska, Bernadetta, „Rytuały starości", in: *Twórczość*, Vol.62(9), 2006, S.86-87

„Die steinerne hölle", in: *Spotkajmy się we Wrocławiu*, Vol.2, 2006, S.11

„Kamienne piekło", in: *Spotkajmy się we Wrocławiu*, Vol.2, 2006, S.9

„Marian Pankowski", in: *Spotkajmy się we Wrocławiu*, Vol.2, 2006, S.8

„Marian Pankowski", in: *Spotkajmy się we Wrocławiu*, Vol.2, 2006, S.10

Nasiłowska, Anna, „Literatura okresu przejściowego 1975-1996", in: „Podręcznik akademicki", hg. v. Alina Brodzka, Elżbieta Sarnowska- Temeriusz, Wydaw. Naukowe PWN, Warszawa, 2006

Ostaszewski, Robert, „Przerażające maski wesołych starców", in: *Gazeta Wyborcza*, Vol.97, 2006, S.11

Wiedemann, Adam, „Marian Pankowski: homilia", in: *Twórczość*, Vol.62(4), 2006, S.110-111

2007

Dąbrowska, Danuta, „Słowacki Mariana Pankowskiego", in: *Dyskurs* (Szczecin), Vol.3, 2007, S.111-127

Krupiński, Piotr, „Eros i Auschwitz w twórczości Mariana Pankowskiego", in: *Dyskurs* (Szczecin), Vol.3, 2007, S.129-157

Krupiński, Piotr, „Hololand, czyli niekrótki przewodnik po muzeum, któremu nigdy nie dane było powstać", in: *Pogranicza*, Vol.4, 2007, S.79-86

„Pankowski Marian", in: „Literatura polska: epoki literackie, prądy i kierunki, dzieła i twórcy", hg. v. Sławomir Żurawski, Wydawnictwo Naukowe PWN, Warszawa, 2007

Pochłódka, Anna, „Dalsze pogłoski o aniołach", in: *Dekada Literacka*, Vol.17(5-6), 2007, S.54-57

2008

Burnatowski, Jan, „„„Bal wdów i wdowców" Mariana Pankowskiego w perspektywie antropologii śmierci", in: „Materiały z VII konferencji naukowej poświęconej literaturze i antropologii, Maniowy", in: *Annales Academiae Paedagogicae Cracoviensis. Studia Historicolitteraria*, Vol.8, 2008, S.98-104

Chomiszczak, Tomasz, „Krótko, zimno i swobodnie, czyli Pankowski na koniec roku", in: *Tygodnik Sanocki*, Vol.51-52, 2008, S.8

Fiszbak, Zbigniew, „Europejczyk w Kartoflanii: o powrotach do "małej ojczyzny" w powieściach Mariana Pankowskiego", in: *Acta Universitatis Lodziensis. Folia Litteraria Polonica*, Vol.11, 2008, S.167-182

Fryc, Katarzyna, „Tuwim, anioły i pensum", in: *Gazeta Wyborcza* – Trójmiasto, Vol.139, 2008, S.6

Mojsak, Kajetan, „„„Przygody ciała" – podmiotowość i groteska w powieści "Matuga idzie" Mariana Pankowskiego", in: *Pamiętnik Literacki*, Vol.99(4), 2008, S.123-144

„Sanoczanin nagrodzony w Gdyni", in: *Tygodnik Sanocki*, Vol.25, 2008, S.2

Pasterska, Jolanta, „„„Lepszy" Polak?: obrazy emigranta w prozie polskiej na obczyźnie po 1945 roku", Wydaw. Uniwersytetu Rzeszowskiego, Rzeszów, 2008. – S. 17, 29, 44, 95, 149, 176, 177, 182, 183, 221, 235, 239, 244, 245, 268, 270, 271, 296, 301, 304-307, 309, 311, 327, 342, 343, 350, 399, 401

Poprawa, Adam, „Apologie Pankowskiego", in: Tygodnik Powszechny, Vol.8, 2008, Beilage, S.4

Ruta-Rutkowska, Krystyna, „Szkice o twórczości Mariana Pankowskiego", Wydział Polonistyki Uniwersytetu Warszawskiego, Warszawa, 2008

2009

Bałda, Waldemar, „Krakowski benefis Pankowskiego", in: *Tygodnik Sanocki*, Vol.49, 2009, S.10

Boczowska, Magdalena, „Ostatni kadysz", in: *Twórczość*, Vol.65(5), 2009, S.101-103

Burnatowski, Jan, „Kategoria protagonizmu w twórczości senioralnej Mariana Pankowskiego", in: „Materiały z 9. konferencji naukowej „Proza polska po roku 1989. Strategie czytania", Maniowy", in: *Annales Academiae Paedagogicae Cracoviensis. Studia Historicolitteraria*, Vol.9, 2009, S.246-257

Chomiszczak, Tomasz, „Segal i Pankowski – koledzy z gimnazjalnej ławy. T. 1", in: *Tygodnik Sanocki*, Vol.30, 2009, S.6

Chomiszczak, Tomasz, „Segal i Pankowski – koledzy z gimnazjalnej ławy. T. 2-6", in: *Tygodnik Sanocki*, Vol.31-35, 2009, jeweils S.4

„Ławeczka Pankowskiego", in: *Tygodnik Sanocki*, Vol.46, 2009, S.7

Iwasiów, Inga, „Jedyna uratowanka", in: *Nowe Książki*, Vol.4, 2009, S.54-55, enthält eine Rezension über „Była Żydówka, nie ma Żydówki"

Kramek-Klicka, Anna, „Przygody ciała i ducha: transgresje w prozie Mariana Pankowskiego i Michała Witkowskiego", in: *Res Publica Nowa*, Vol.22(5), 2009, S.14-17

Mazur-Fedak, Jolanta, „Wielogłosowość w powieściach Mariana Pankowskiego na podstawie "Smagłej swobody" i "Granatowego goździka"", in: „Podkarpacie: język – literatura – kultura", hg. v. Halina Kosętka, Anna Chudzik, Renata Gadamska-Serafin, Państwowa Wyższa Szkoła Zawodowa im. Jana Grodka w Sanoku, Sanok, 2009.

Sienkiewicz-Woskowicz, Małgorzata, „Marian Pankowski – "słów sanockich brukselski jubiler"", in: *Tygodnik Sanocki*, Vol.46, 2009, S.7

2010

Bandura, Michał, „Historia, dziejba, genealogia duchowa", in: *Twórczość*, Vol.66(4), 2010, S.110-112

Burnatowski, Jan, „Pankowski na Conrad Festival", in: *Tygodnik Sanocki*, Vol.46, 2010, S.13

Chałupnik, Agata, „Pankowski i Różewicz", in: *Dialog*, Vol.55(10), 2010, S.106-116

Kościelniak, Marcin, „Ojciec Pankowski", in: *Dialog*, Vol.55(10), 2010, S.96-105

„Marian Pankowski laureatem Nagrody im. Turzańskich", in: *Tygodnik Sanocki*, Vol.5, 2010, S.5

Nowacki, Dariusz, „Prosta opowieść znad Sanu", in: *Nowe Książki*, Vol.1, 2010, S.8-9

Ostrowska, Joanna, „Wyjątkowo "inna" literatura pamiętania: holocaustowo-obozowe "przygody" Mariana Pankowskiego", in: *Res Publica Nowa*, Vol.23(9), 2010, S.39-46

Ruta-Rutkowska, Krystyna, „Marian Pankowski i kwestie religii", in: *Twórczość*, Vol.66(8), 2010, S.42-50

Rutkiewicz, Paweł, „Marian Poremba-Złotousty", in: *Opcje*, Vol.1, 2010, S.89-90

Sobol, Karol, „Wojna Adama Poremby", in: *Tygiel Kultury*, Vol.1-3, 2010, S.165-167

Sobolczyk, Piotr, „Polski rycerz pod carycą", in: *Pogranicza*, Vol.1, 2010, S.97-99

Wawrzyńczyk, Jan, „Z twórczości Mariana Pankowskiego: (ciekąwostki leksykalne)", eConn, Łódź, 2010

2011

Burnatowski, Jan, „Panko nie żyje", in: *Tygodnik Sanocki*, Vol.17, 2011, S.10

Chomiszczak, Tomasz, „Jedyne kryterium – jakość. Marian Pankowski i antologie", in: *Fraza*, Vol.20(2), 2011, S.120-133

Chomiszczak, Tomasz, „Od gimnazjalnej stalówki do literackiego pióra. Segal i Pankowski: koledzy ze szkolnej ławy", in: *Rocznik Sanocki*, Vol.10, 2011, S.155-165

Chomiszczak, Tomasz, „Pankowski vs Miłosz: w kręgu paryskiej "Kultury". T. 1-2", in: *Tygodnik Sanocki*, Vol.30-31, 2011, S.8/9

Chomiszczak, Tomasz, „Pankowskiego premiera pośmiertna", in: *Tygodnik Sanocki*, Vol.50, 2011, S.10

Czapliński, Przemysław, „Pank's not dead, czyli pisarz XX-wieczny wobec kanonu", in: *Teksty Drugie*, Vol.6, 2011, S.29-48

Jankowicz, Grzegorz, „Jakość nieboskłonu", in: *Tygodnik Powszechny*, Vol.18, 2011, S.10-11

Jankowicz, Grzegorz, „Żyć mową na umór", in: *Tygodnik Powszechny*, Vol.15, 2011, S.32-33

Krupiński, Piotr, „Ciało, historia, kultura: pisarstwo Mariana Pankowskiego i Leo Lipskiego wobec tabu", Wydawnictwo Naukowe Uniwersytetu Szczecińskiego, Szczecin, 2011

Latawiec, Krystyna, „Spełnione życie Mariana Pankowskiego (1919-2011)", in: *Fraza*, Vol.20(2), 2011, S.99-101

Marecki, Piotr, „Nam wieczna w polszczyźnie rozróba!: Marian Pankowski mówi", Korporacja Ha!art, Kraków, 2011

Mączka, Jacek, „Pomiędzy naturą a kulturą: Uwagi o twórczości Mariana Pankowskiego", in: „Bieszczady: natura – kultura", hg. v. Halina Kosętki, Renata Gadamskiej-Serafin, Jolanta Mazur-Fedak, Państwowa Wyższa Szkoła Zawodowa im. Jana Grodka, Sanok, 2011

Mączka, Jacek, „Transgresja w twórczości Mariana Pankowskiego", in: *Fraza*, Vol.20(2), 2011, S.108-114

Morawiec, Arkadiusz, „O raju!", in: *Nowe Książki*, Vol.3, 2011, S. 23

Nyczek, Tadeusz, „Sarmata w Brukseli", in: *Przekrój*, Vol.15, 2011, S.41

Ruta-Rutkowska, Krystyna, „Pankowski pożegnanie", in: *Twórczość*, Vol.67(6), 2011, S.114-116

Sobbotko, Donata/Grzymisławski, Łukasz, „Zmarł Marian Pankowski", in: *Gazeta Wyborcza*, Vol.78, 2011, S.17

Szuber, Janusz, „Marian Pankowski 1919-2011. Pisarz. Honorowy Obywatel Wolnego Królewskiego Miasta Sanoka", in: *Tygodnik Sanocki*, Vol.14, 2011, S.9

Szuber, Janusz, „Spóźnione życzenia noworoczne", in: *Fraza*, Vol.20(2), 2011, S.102

„Z Pankowskim w roli głównej", in: *Tygodnik Sanocki*, Vol.48, 2011, S.5

2012

Bandura, Michał, „Panko i nowoczesność", in: *Twórczość*, Vol.68(9), 2012, S. 75-90

Komendant, Tadeusz, „Kwiatki św. Mariana", in: *Twórczość*, Vol.68(9), 2012, S.91-98

Kowalska, Anna, „Marian Pankowski – wskazywanie palcem na swoją niezwykłość", in: *Twórczość*, Vol.68(9), 2012, S.63-70

Ruta-Rutkowska, Krystyna, „„Mój Król przegrany" Mariana Pankowskiego", in: *Twórczość*, Vol.68(9), 2012, S.116-117

Sie haben die Wahl:

Bestellen Sie die Schriftenreihe
Literatur und Kultur im mittleren und östlichen Europa
einzeln oder im **Abonnement**

per E-Mail: vertrieb@ibidem-verlag.de | per Fax (0511/262 2201)
als Brief (***ibidem***-Verlag | Leuschnerstr. 40 | 30457 Hannover)

Bestellformular

❒ Ich abonniere die Schriftenreihe *Literatur und Kultur im mittleren und östlichen Europa* ab Band # ____

❒ Ich bestelle die folgenden Bände der Schriftenreihe
Literatur und Kultur im mittleren und östlichen Europa
____; ____; ____; ____; ____; ____; ____; ____; ____; ____

Lieferanschrift:

Vorname, Name ....

Anschrift ....

E-Mail.. | Tel.: ....

Datum .... | Unterschrift ....

Ihre Abonnement-Vorteile im Überblick:

- Sie erhalten jedes Buch der Schriftenreihe pünktlich zum Erscheinungstermin – immer aktuell, ohne weitere Bestellung durch Sie.
- Das Abonnement ist jederzeit kündbar.
- Die Lieferung ist innerhalb Deutschlands versandkostenfrei.
- Bei Nichtgefallen können Sie jedes Buch innerhalb von 14 Tagen an uns zurücksenden.

***ibidem*-Verlag**
Melchiorstr. 15
D-70439 Stuttgart
info@ibidem-verlag.de

www.ibidem-verlag.de
www.ibidem.eu
www.edition-noema.de
www.autorenbetreuung.de

Zeitfracht Medien GmbH
Ferdinand-Jühlke-Straße 7
99095 Erfurt, Deutschland
produktsicherheit@kolibri360.de